BESTACTIVITYBOOKS.COM

EERSTE EDITIE - Gepubliceerd in 2022

Extra grafisch materiaal van: www.freepik.com
Dank aan: Alekksall, Starline, Pch.vector, Rawpixel.com,
Vectorpocket, Dgim-studio, Upklyak, Macrovector,
Stockgiu, Pikisuperstar & Freepik.com Designers

Ontdek gratis online spelletjes

Hier verkrijgbaar:

BestActivityBooks.com/FREEGAMES

5 TIPS OM TE BEGINNEN!

1) HOE OP TE LOSSEN

De Puzzels zijn in een Klassiek Formaat:

- Woorden worden verborgen zonder pauzes (geen spaties, streepjes, ...)
- Oriëntatie: Voorwaarts & Achterwaarts, Boven & Beneden of in Diagonaal (kan in beide richtingen)
- Woorden kunnen elkaar overlappen of kruisen

2) ACTIEF LEREN

Naast elk woord is een spatie voorzien om de vertaling te noteren. Om actief te leren vindt u een **WOORDENBOEK** aan het einde van deze editie om uw kennis te controleren en uit te breiden. U kunt elke vertaling opzoeken en opschrijven, de woorden in de puzzel vinden en ze vervolgens aan uw woordenschat toevoegen!

3) TAG JE WOORDEN

Hebt u al geprobeerd een labelsysteem te gebruiken? U zou bijvoorbeeld de woorden die moeilijk te vinden waren kunnen markeren met een kruis, de woorden die u leuk vond met een ster, nieuwe woorden met een driehoek, zeldzame woorden met een ruit enzovoort...

4) ORGANISEER UW LEREN

Wij bieden ook een handig **NOTITIEBOEKJE** aan het eind van deze uitgave. Of u nu op vakantie, op reis of thuis bent, u kunt uw nieuwe kennis gemakkelijk ordenen zonder dat u een tweede notitieboek nodig hebt!

5) AFGESLOTEN?

Ga naar de bonussectie: **FINAAL UITDAGING** om een gratis spel te vinden dat aan het einde van deze editie wordt aangeboden!

Wil je meer leuke en leerzame activiteiten? Het is Snel en Eenvoudig! Een hele collectie spelboeken slechts **één klik verwijderd!**

Vind uw volgende uitdaging bij:

BestActivityBooks.com/MijnVolgendeBoek

Klaar... Start!

Wist u dat er zo'n 7000 verschillende talen in de wereld zijn? Woorden zijn kostbaar.

We houden van talen en hebben hard gewerkt om de boeken van de hoogste kwaliteit voor u te maken. Onze ingrediënten?

Een selectie van onmisbare leerthema's, drie grote plakken plezier, dan voegen we er een lepel moeilijke woorden en een snuifje zeldzame woorden aan toe. We serveren ze met zorg en een maximum aan verrukking, zodat je de beste woordspelletjes kunt oplossen en veel plezier beleeft aan het leren!

Uw feedback is essentieel. U kunt een actieve bijdrage leveren aan het succes van dit boek door een recensie achter te laten. Vertel ons wat u het meest beviel in deze editie!

Hier is een korte link die u naar uw bestelpagina brengt:

BestBooksActivity.com/Recensies50

Bedankt voor uw hulp en veel plezier met het spel!

Linguas Classics

1 - Metingen

```
Б Ц Х Р С Е Х Т П П Л Е Щ Р К Ф
Ч А П С А Ж П Ч П Ш Ж Я Я Г І Т
Ш Т С Щ Н Х К І Р Ю Я Я У І Л Ґ
Ц Б Ц Є Т Ь В А Н И Р И Ш Н О К
П И У Л И Щ Ґ И Г Т П Я Т Ж М В
Ю М Ж Б М А Р Г Л Б А Л О Н Е Н
І Ц У У Е С Ю Ф М И С М Н Т Т Ж
Ф Ю Є Ч Т А І У Ґ Ь Н М Н Т Р Ґ
Л І Т Р Р М Й Ю Д Х І А А В Н Р
Щ Ш Л Є Ґ Б А Й Т П Ю Р В А Г А
М Е Т Р Ґ Л Ф В Ч Ґ М Г О Н Ю Н
І Ь С Г Л Є Х И Ч А Т О С И В И
Д Е С Я Т К О В И Й Ж Л О Б Ґ Ж
Є Н С С Р І Ц К Ч В Л І Р И Т В
А Д Ю Б У Н Ц І Я Ф Д К Г Л Ж О
Ґ Ф О О С Ф Є Р І И Я Ь К Г Д Д
```

ШИРИНА	КІЛОМЕТР
БАЙТ	ДОВЖИНА
САНТИМЕТР	ЛІТР
ДЕСЯТКОВИЙ	МАСА
ГЛИБИНА	МЕТР
ВАГА	ХВИЛИНА
ГРАМ	УНЦІЯ
ВИСОТА	ПІНТА
ДЮЙМ	ТОННА
КІЛОГРАМ	ОБСЯГ

2 - Opwarming van de Aarde

```
К  Ю  І  Б  Ч  Л  Є  А  Е  Щ  Б  У  К  Ц  Д  К
Р  К  Т  А  М  І  Л  К  Ґ  Ю  Ж  Ф  П  О  А  Д
И  Х  С  С  Д  М  Г  Ь  Я  Б  М  Ґ  О  У  Н  Д
З  В  О  З  С  Ґ  Ц  К  Х  І  У  А  К  У  І  Ю
А  Ч  В  А  М  І  Н  Ч  І  Г  О  Л  О  К  Е  У
Р  Е  О  Н  Д  І  Я  А  Ґ  Н  М  Ж  Т  Щ  Ж  В
М  Н  Л  Ч  Ф  Ц  Н  Е  С  М  С  Ю  И  Ш  Ч  А
Є  И  С  Т  І  Ґ  С  И  О  Е  Є  М  В  Ж  Ц  Г
Н  Й  И  Л  А  И  Є  С  Ь  Д  Н  Я  З  П  Ф  А
Т  Е  М  П  Е  Р  А  Т  У  Р  И  Е  О  Т  Х  І
У  М  О  О  У  Ц  М  У  А  Л  З  А  Р  А  З  А
Б  Ґ  Р  Н  А  С  Л  І  Д  К  И  Ф  О  Г  Є  Щ
Й  Я  П  Г  А  Р  К  Т  И  Ч  Н  И  Й  К  І  Д
А  М  К  А  М  І  Ж  Н  А  Р  О  Д  Н  И  Й  Я
М  Д  Ґ  З  П  О  К  О  Л  І  Н  Н  Я  Г  Ю  Р
З  А  К  О  Н  О  Д  А  В  С  Т  В  О  Ж  К  У
```

УВАГА	КЛІМАТ
АРКТИЧНИЙ	ЕКОЛОГІЧНІ
КРИЗА	ЗАРАЗ
ЕНЕРГІЯ	РОЗВИТОК
ГАЗ	УРЯД
ДАНІ	ТЕМПЕРАТУРИ
ПОКОЛІННЯ	МАЙБУТНЄ
НАСЛІДКИ	ЗМІНИ
ПРОМИСЛОВОСТІ	ВЧЕНИЙ
МІЖНАРОДНИЙ	ЗАКОНОДАВСТВО

3 - Keuken

```
Х  Ь  Ч  І  П  Є  Ч  Ю  Е  Г  Ч  О  С  Є  І  Ш
О  І  Ц  А  К  Б  У  Г  Г  Я  Р  Ж  Ф  Ґ  Ж  Ц
Л  І  Є  А  Ш  Х  І  Е  Л  Ф  Ф  И  К  Ж  О  Л
О  С  Б  Є  К  А  Б  Я  Е  И  Я  К  Л  Ю  Н  Е
Д  М  Е  Г  Г  И  Ж  Ф  К  І  Г  Л  Ь  Ь  Я  Г
И  О  Ш  Р  С  П  Е  Ц  І  Ї  Д  И  К  Ш  А  Ч
Л  Р  В  Щ  В  Я  О  О  Е  Ґ  Т  В  Ю  Я  Б  Д
Ь  О  Щ  У  Є  Е  П  А  Л  И  Ч  К  А  М  И  М
Н  З  В  Ч  Ь  Р  Т  Ґ  Ю  Ю  А  И  М  Г  О  Т
И  И  Ж  Я  У  Е  Ґ  К  Є  Л  Ф  Ч  Є  Ї  Ґ  С
К  Л  Щ  Р  С  Ц  Л  И  А  Ц  Б  Е  Е  Ж  Х  И
Щ  Ь  І  Ь  Я  Е  А  Н  Т  Т  У  Л  Т  А  Ж  Р
У  Н  С  Д  І  П  Я  Й  Н  І  Л  Г  В  Є  Ь  Ч
Є  И  Л  Ш  П  Т  Щ  А  Х  Т  Н  Н  Ц  Ж  Ш  С
Ю  К  Ґ  С  Ю  Ш  П  Ч  Ц  І  Ц  А  Ю  Р  Ь  Д
М  И  Ф  А  Р  Т  У  Х  С  С  О  Ф  Т  С  Щ  Ч
```

ЧАШКИ	ГЛЕК
ПАЛИЧКАМИ	РЕЦЕПТ
ГРИЛЬ	ФАРТУХ
ЧАЙНИК	СЕРВЕТКА
ХОЛОДИЛЬНИК	СПЕЦІЇ
ЧАША	ГУБКА
ГЛЕЧИК	ЇЖА
ЛОЖКИ	ВИЛКИ
НОЖІ	МОРОЗИЛЬНИК
ПІЧ	

4 - Boten

```
А Е Ф Л Ґ Ю Ф Д Г Щ И Р Ш К Ф Ш
Я Щ С Ф О Ч М Ю Л О З Е Р О Я Я
Ш К Л Ф П Я К О Е Щ І Щ Ґ Ь К Х
Ш Х И Ґ Т Ц Х М Д О К С Ф Д І Т
Ф М Е Б М С И О В Ґ Д Д К А Р А
Ш С І Ж У Х Т Т П Л І Т А Ч П М
О К Е А Н Й Ю У К Ю Л К Л Ч Ц Є
Я Ч Р П К Я С З А Д В И Г У Н К
Т А О І А Ч Я К Н М Ґ Н О І Ф А
Є Г М К Ю К І А О О І Ь Щ Є Щ Я
Х С О Е Н Е Щ Р Е Р Г Л К І Х К
М О Р С Ь К И Й Р С К И І Т Х Ц
Ч К О А Ч Ж Ф Ю Ч Ь Д Р Б Т В Ґ
Я М П П О І Ш Ч Ь К Щ Т Е Ю И Ю
Х Ш Щ Н В Д Ч Щ Ч І Т І Я Ь Л К
А Н Ь С Д С Б Я Ґ Е Щ В Ш С І П
```

ЯКІР	ОЗЕРО
ЕКІПАЖ	ДВИГУН
БУЙ	МОРСЬКІ
ДОК	ОКЕАН
ХВИЛІ	РІЧКА
ЯХТА	МОТУЗКА
КАЯК	ПОРОМ
КАНОЕ	ПЛІТ
МОРСЬКИЙ	МОРЕ
ЩОГЛА	ВІТРИЛЬНИК

5 - Chocolade

```
Ш Т Щ П Ч А І Ф І П Є С Н Ф С А
И Ґ І Ь В Н А К Н Л О Є М А К Л
А Л Е В Ц Т К Г Г Р Є Р С А К Я
І Є Ю Е Ш И А К Р Г Д А О О К Л
П Ж К Т Л О Р Д Е Л Е С К Ш М Н
Ґ Х Ж У Я К А Ю Д Ь П Ф О Й О И
Е Е С Р К С М Є І Г І Р К И Й К
Р Ь Г Е І И Е Ч Є Д Ш Ж Д Н И Р
В Е Д Л С Д Л С Н І П Г П Ч К Е
М О Ц І Т А Ь У Т А М О Р А Д К
Ж Щ Ж Е Ь Н Р Щ Ц К В У К М О У
Ч Ь Г М П Т Л Ш У К Е И Р С Л Ц
К А К А О Т Н Е Ч Ф Ц У Ф Щ О Г
Е К З О Т И Ч Н І А Р А Х І С Ґ
К А Л О Р І Й Ш Н У І Н Ц Ж Х А
У Л Ю Б Л Е Н И Й Ц У К О Р Г Т
```

АНТИОКСИДАНТ	ЯКІСТЬ
ГІРКИЙ	АРАХІС
КАКАО	ПОРОШОК
КАЛОРІЙ	РЕЦЕПТ
ЕКЗОТИЧНІ	АРОМАТ
УЛЮБЛЕНИЙ	СМАК
СМАЧНИЙ	ЦУКЕРКИ
ІНГРЕДІЄНТ	ЦУКОР
КАРАМЕЛЬ	СОЛОДКИЙ
КОКОС	

6 - Gezondheid en Welzijn #2

```
Г Я І Р О Л А К Е Х Ж Х Т Х Ч Ж
Я І М О Т А Н А Г А В К У В И Є
Ш Ц Г Д С Г И С П Р Я Е Н О Ю І
Ц К А І Б І Р Е Д Ч Н Ф Ж Р К К
Ю Е І Н Є Ж Е П У У Р Н Н О М А
Е Ф П О Я Н Н Е Л В А Р Т Б К Ж
Ж Н Ж Ж Ж В А Е О А К Ф Г А Т С
П І И Т Щ Ш В Г К Н І М А Т І В
Г Е Н Е Т И К А Ь Н Л С Ш Ж Д Е
Б Д Б Ш Д Н Н Г Ь Я Г Л Є Д Д Н
Г В Г Г Г Р С І Ь Е К Р О В І Е
В І Д Н О В Л Е Н Н Я О Є Г Є Р
Ч А Л Е Р Г І Я Р Ш Ґ М Л В Т Ґ
М А С А Ж Т І Л О Т С Д Х К А І
З Д О Р О В И Й В Ю С Щ Ю Т Я Я
Ф С Ь Ь І В С Ф Х У Ч С Ч Ж К Г
```

АЛЕРГІЯ	ГІГІЄНА
АНАТОМІЯ	ІНФЕКЦІЯ
КРОВ	ТІЛО
КАЛОРІЯ	МАСАЖ
ДІЄТА	ТРАВЛЕННЯ
ЕНЕРГІЯ	СТРЕС
ГЕНЕТИКА	ВІТАМІН
ВАГА	ХАРЧУВАННЯ
ЗДОРОВИЙ	ЛІКАРНЯ
ВІДНОВЛЕННЯ	ХВОРОБА

7 - Tijd

```
К  З  Ь  Ш  У  Н  И  Ц  Я  П  Ч  Ґ  Л  Ц  С  Ь
М  А  Н  И  Л  И  В  Х  Є  Й  І  Н  Н  А  Р  Е
А  Р  Л  В  Ч  О  Р  А  Р  Є  Н  С  Щ  Ґ  В  К
Й  А  Д  Е  Р  А  Н  О  К  И  Л  Х  Л  Ж  Ч  Щ
Б  З  Е  П  Н  С  Т  О  Л  І  Т  Т  Я  Я  П  Н
У  У  С  Ц  Г  Д  А  Р  Ь  Н  Е  Д  У  Л  О  П
Т  Ц  Я  Р  Є  Е  А  Д  Н  Д  Б  Ґ  Ч  К  Г  Є
Н  Е  Т  Г  І  Р  В  Р  Е  О  Е  Д  Ж  Щ  Ц  Т
Є  Д  И  І  Х  К  Х  П  Д  Г  О  Ь  У  Ф  П  Ґ
Ч  Ш  Л  А  Ф  И  Б  Є  П  О  В  Р  Т  Ш  Є  И
П  А  І  Ю  І  Н  Ч  И  Ж  Ь  Н  Е  Д  Ж  И  Т
Т  Р  Т  Г  О  Д  И  Н  А  С  Р  І  А  В  Ґ  Х
Л  Ц  Т  Г  О  Д  И  Н  Н  И  К  І  Є  А  Ю  Ґ
Х  Ф  Я  Г  Щ  М  І  С  Я  Ц  Ь  Б  Х  Ф  Ф  П
Є  К  Щ  О  Р  І  Ч  Н  И  Й  Ґ  Л  П  В  Б  И
Г  Є  Р  І  М  А  Л  К  Г  Ч  Е  У  О  Д  Я  В
```

ДЕНЬ	ХВИЛИНА
ДЕСЯТИЛІТТЯ	ПІСЛЯ
СТОЛІТТЯ	НІЧ
ВЧОРА	ЗАРАЗ
РІК	РАНОК
ЩОРІЧНИЙ	МАЙБУТНЄ
КАЛЕНДАР	ГОДИНА
ГОДИННИК	СЬОГОДНІ
МІСЯЦЬ	РАННІЙ
ПОЛУДЕНЬ	ТИЖДЕНЬ

8 - Meditatie

```
Р Н Г Л Ш Я Т Т Я Н Й И Р П Т П
П О О Щ Ь Т С І Н С Я К П Д И Е
О С З П О С Т А В А Я Є Д Ц Ш Р
Д О Я У Р А С Щ Ч В Д У Н Т А С
Я Л И Х М Щ Ц П И Г М С А У К П
К І Ї І Ц О М Е І М И Р У Р И Е
А Х Ь Ч Л Е В И А В Л Х Т А З К
Х И Я Н Н А Х И Д У Ч Р У Х У Т
Ь І Ф Д А С Х Б Й І Я У Ю Х М И
О Ж Ж Г К Р П Д У М К И Т Є О В
Я Н Н Е Ж Е Р Е Т С О П С Т О А
У Ф Ґ Ц У Ь И Ш Ь К Е П Ш Ґ Я Ш
Н В Ь У У Б Р А Б К Л Ю П Р Щ О
С Г А Щ І Щ О Є Л П І Т Е М Ц У
Е Ю У Г Я Х Д Є Ш Ю У Б Ж Р І М
Ш Т Ь Т А С А Т О Р Б О Д Я Є Х
```

УВАГА	СПІВЧУТТЯ
ПРИЙНЯТТЯ	РОЗУМОВИЙ
ДИХАННЯ	МУЗИКА
РУХ	ПРИРОДА
ПОДЯКА	СПОСТЕРЕЖЕННЯ
ЕМОЦІЇ	ПЕРСПЕКТИВА
ДУМКИ	ТИША
ЩАСТЯ	МИР
ЯСНІСТЬ	ДОБРОТА
ПОСТАВА	

9 - Muziek

```
Ж Х М С Т Ф Ж Х О Р Х Ю П С Ж А
О Я І Д О Л Е М Є Я Ґ Щ О П Є Г
Ц Ш К М У З И К А Н Т З Е І Б Д
Б Ж Р Т О В Ґ Ж Я Е І А Т В Є В
Щ Х О М У З И Ч Н И Й П И А М Т
О Б Ф В Х Є Е И Ц Й М И Ч Т Й Ж
Х Р О Р Ґ Ю Ь Г С И Е С Н И И Щ
Т Т Н Е М У Р Т С Н І Щ И О Н Л
А Е Ж Ґ С В И Г У Ч Т Л Й Л Ч Б
Л В М Ч Б П Є І Й И Н Ч И Р І Л
Ь Ю Л П А К І М Ю С Т Ф Ь Р М В
Б Е К Ф Л Т Ю В И А Р Е П О Т П
О Е Ґ А А Ю Х Т А Л Р И Т М И Ю
М Л Ф Л Д Ф Ю Х Ф К Н Ч Я В Р Л
Д О С М А Г А Р М О Н І Я М Ю И
Ґ І М П Р О В І З У В А Т И Т Ь
```

АЛЬБОМ	МУЗИЧНИЙ
БАЛАДА	МУЗИКАНТ
ГАРМОНІЯ	ОПЕРА
ІМПРОВІЗУВАТИ	ЗАПИС
ІНСТРУМЕНТ	ПОЕТИЧНИЙ
КЛАСИЧНИЙ	РИТМ
ХОР	РИТМІЧНИЙ
ЛІРИЧНИЙ	ТЕМП
МЕЛОДІЯ	СПІВАК
МІКРОФОН	СПІВАТИ

10 - Vogels

```
З М Ж А О М Д А Я Є Ю Д К Ц К Е
О Л Г О Р О Б Е Ц Ь Ю Ф М І У М
З Л Е Б І Д К А М Г Ґ Т Г Р Р Ь
У Р У В Ч М Н А А Б І А Х Ш К Х
Л П А П У Г А С Ч Ц Р П Г Н А Е
Я Г У С К А К М Є Е Ю І О Ч Ґ Ф
У П Ь Щ Є С У А Р Т С Н Л С С Є
Х Д Е П Т Щ Т Н Ч Ш Ф Г У Д Ю І
Т Щ Я Л П А Ч О Ч К В В Б С Л Ц
Ж И І Я І Я Т Р Ь А А І Щ Х Ч И
П А В И Ч К Ф О Е О Й Н Ь К В Ю
Ґ К Н Р Т Ц А В О С Ц К И Е Н Т
Ц Е Х Е Б Б В Н І П Ь Л А Ч Б Ж
Ф Л А М І Н Г О Г Г Л Л Д У Л Є
Ґ Е К Є С Є Я В І И И Ф Я Є Г Ґ
А Л Ґ Я Й Ц Е Н Ш И Ф Л И Щ П Е
```

ГОЛУБ	ЛЕЛЕКА
КАЧКА	ПАПУГА
ЯЙЦЕ	ПАВИЧ
ФЛАМІНГО	ПЕЛІКАН
ГУСКА	ПІНГВІН
КУРКА	ЧАПЛЯ
ЗОЗУЛЯ	СТРАУС
ВОРОНА	ТУКАН
ЧАЙКА	СОВА
ГОРОБЕЦЬ	ЛЕБІДКА

11 - Universum

```
А С О Н Ц Е С Т О Я Н Н Я А Г В
И С З О Д І А К Ф Г Н В Л Т А Г
Б Ь Т У В Ч Ґ Б Р О П Ю М М Л М
І Н Л Р Т А Ч О Р Б І Т А О А Ь
А Б Ґ П О К С Е Л Е Т Н В С К И
Ч Ф А Т О Н К Ш Н Н Л О Я Ф Т И
Ш И Р О Т А О Л І Е Ь З Р Е И А
В И Д И М И Й М А Б Ц И М Р К У
А С Т Р О Н О М І Я Я Р Е А А Р
Д С Д Ї О Р Е Т С А С О Т М Д Ь
Л О О А Г Т Ц Щ М Ц І Г В Ч Л Б
Б Ж В Ж М У А К О С М І Ч Н И Й
Ґ Н Ш Г Б Т Ч В Є Л Ч Ф Д С Х Г
І М В И О Я Л У К В І П В Ш А Ж
Ю Н Ю Ю Ч Т Б Є Е Е Р Ю Б Б Н Т
Ґ А І В Р Є А Е Ш М О Ю Є Ь Я Б
```

АСТЕРОЇД	НЕБО
АСТРОНОМІЯ	ГОРИЗОНТ
АСТРОНОМ	НАХИЛ
АТМОСФЕРА	КОСМІЧНИЙ
ОРБІТА	ДОВГОТА
ШИРОТА	МІСЯЦЬ
ЗОДІАК	ГАЛАКТИКА
ТЕМРЯВА	ТЕЛЕСКОП
ЕКВАТОР	ВИДИМИЙ
ПІВКУЛЯ	СОНЦЕСТОЯННЯ

12 - Wiskunde

```
А А Д Б Р А Щ І Ж К К Т Б К Н Т
Р Ю І М А Р Г О Л Е Л А Р А П Р
И Ш А О Д У П А Є О С Щ Х А Ц И
Ф У М Ю І Д Л С Е Б И Е І В Щ К
М Р Е Ю У В О Д Т С М П К У Х У
Е П Т Г С С Щ Ч У Я Е К И К У Т
Т А Р Е Ф С А С А Г Т Ж Н О Д Н
И Р Х О М Ч К М І О Р Г Т Ґ Е И
К А Х М Ю И Є Х Б Щ І С У О С К
А Л О Е Ц И Р Ю Г Т Я Ґ К О Я У
Ь Е Л Т Н С Д Е С У М А О И Т И
Е Л У Р А С М Б П Ш Д О Т Т К И
Ґ Ь Є І К У Т И К И Н З А К О П
М Н Т Я Ф І Ш Я Щ Ь Н Г О В Х
Ш И Р І В Н Я Н Н Я В Є А Ц И С
Ф Й Х С П Ц Х Р Ґ Т І Х Б Ц Й Ь
```

СФЕРА	ПАРАЛЕЛОГРАМ
ДЕСЯТКОВИЙ	АРИФМЕТИКА
ДІАМЕТР	СУМА
ТРИКУТНИК	РАДІУС
ПОКАЗНИК	СИМЕТРІЯ
ГЕОМЕТРІЯ	БАГАТОКУТНИК
КУТИ	РІВНЯННЯ
ПЕРИМЕТР	ПЛОЩА
ПАРАЛЕЛЬНИЙ	ОБСЯГ

13 - Gezondheid en Welzijn #1

```
Ґ О И Д Е П Т Р І Н Ф Г М П Т У
Ч Ґ У Р А Е Е А Я К Д О Л О Г Б
Я Р П І Б Р Р А Н Р Е Р К Є Ь О
Щ Л А И А Е А П Н Ц Ф М Л М Н У
Ш К І Р А Л П Т Е Ю Ц О І Н П А
Л Щ П П О О І Е Л О Р Н Н Е Х Б
В І Ґ Р Є М Я К Б Т Ь И І Р Н А
Щ Ю К Ґ У К О А А Р М У К В Р К
Я Н Н А В У К І Л А Ь Я А И А Т
Т Т А К Р С Ш Л С В Е И З Х К Е
И Я Ж Ч Л С В Я З М Ш К У И Т Р
Ф Е Л И Д В І М О А М Ч О Н И І
Д Р Ж В В І Р Ф Р Л Л Ь Г Ф В Ї
У Е Г З О М У Я Е Х И Є Д Ґ Н Є
Щ Л Д С О Ь С К Е Л Ф Е Р Х И Х
М Е Д И Ц И Н А Т О С И В Ц Й Л
```

АКТИВНИЙ	ШКІРА
АПТЕКА	КЛІНІКА
БАКТЕРІЇ	ТРАВМА
ЛІКУВАННЯ	МЕДИЦИНА
ПЕРЕЛОМ	РОЗСЛАБЛЕННЯ
ЛІКАР	РЕФЛЕКС
ЗВИЧКА	М'ЯЗИ
ГОЛОД	ТЕРАПІЯ
ВИСОТА	ВІРУС
ГОРМОНИ	НЕРВИ

14 - Camping

```
М Ф К Ф Н О Щ Ф Л А Б Ц Е Ц Я К
Т І О М Р З И Ш Ю Р М Е Т С Щ О
Ш Р С Е Т Е М А Н И Р А В Т Ь М
Б Б К Я Т Р В О Г О Н Ь Л І С П
В Т У Н Ц О П Д Е Р Е В А Л Ч А
Д Ч Л Н С Ь Ц Р К А Б І Н А Є С
Ж А Є А Р О Г А И К А Р Т А М Ю
Ж Ґ Г В Е С Г Т Ґ Р Ц Ґ Д К Я Ш
Ь Р Є Ю Ю С Ч Х Б П О О Е З У Ш
К Щ М Л Ь Ф Е І М А Ф Д Л У Б Т
А О Б О Н Ґ І Л Т К С Ь А Т Ч Є
М Ь М П Щ Ф Б К А Н О Е Н О В В
А Е Ґ А Д О Г И Р П Ь И К М Ю П
Г Х К Н Х Ю Л Е П А К Н В И Е И
Б Н Е Б Т А Ф М Я Г Н Ж Ю Ч П П
С Ь Ш Ч Р Л Г У Е Г Б Н Ґ Я Д А
```

ПРИГОДА	ПОЛЮВАННЯ
ГОРА	КАРТА
ДЕРЕВА	КАНОЕ
ЛІС	КОМПАС
ВОГОНЬ	ЛІХТАР
КАБІНА	МІСЯЦЬ
ТВАРИН	ОЗЕРО
ГАМАК	ПРИРОДА
КАПЕЛЮХ	НАМЕТ
КОМАХА	МОТУЗКА

15 - Algebra

```
Л  Р  І  В  Н  Я  Н  Н  Я  Ф  Г  Б  И  В  Є  Ж
І  О  Т  Є  И  Т  И  Т  С  О  Р  П  С  Б  Ю  Т
Н  Ч  Д  В  Р  Д  Л  Ж  Ж  Б  А  Я  Й  Ь  І  С
І  В  И  Ш  А  Л  У  М  Р  О  Ф  Н  И  Т  В  Ь
Й  С  К  Ю  М  Ґ  О  О  О  Ц  І  Н  Н  С  Е  Б
Н  Д  У  Г  А  Н  Н  Л  Т  Ґ  К  А  Н  І  Ж  Ь
И  Я  Ц  И  Р  Т  А  М  К  П  Т  М  Е  К  М  И
Й  І  Щ  О  Г  Д  Т  Ь  А  О  М  І  Ч  Ь  С  З
Д  В  У  М  А  Ж  Я  С  Ф  М  Т  Н  Н  Л  У  Р
Д  У  И  О  І  Ч  Ф  В  Н  И  Р  Д  І  І  М  Ц
М  Ж  Ж  Р  Д  Н  У  Л  Ь  Л  І  І  К  К  А  Д
Г  Р  Ш  К  І  Г  Щ  С  Ю  К  Ш  В  С  Г  Р  Я
Л  К  Ш  Ю  И  Ш  Ю  Р  Т  О  Е  Ф  Е  Ґ  Ш  Є
А  Н  У  Ь  А  Ь  И  Л  Ц  В  Н  І  Н  І  Ш  Я
Б  Б  Ф  А  Щ  Ф  Л  Т  К  И  Н  З  А  К  О  П
П  Р  О  Б  Л  Е  М  А  И  Й  Я  Л  Ш  Ф  Н  М
```

ВІДНІМАННЯ	НУЛЬ
ДІАГРАМА	НЕСКІНЧЕННИЙ
ПОКАЗНИК	ВИРІШИТИ
ФАКТОР	РІШЕННЯ
ФОРМУЛА	ПРОБЛЕМА
ГРАФІК	СУМА
ДУЖКИ	ПОМИЛКОВИЙ
КІЛЬКІСТЬ	ЗМІННА
ЛІНІЙНИЙ	СПРОСТИТИ
МАТРИЦЯ	РІВНЯННЯ

16 - Activiteiten

```
Т  Я  Н  Н  Е  Л  Б  А  Л  С  З  О  Р  Ґ  О  Я
У  А  Е  А  Я  К  Ф  Б  Д  А  В  Х  Б  Г  Л  Т
Ж  Ч  Н  О  В  И  Ю  У  Д  Д  Я  А  И  І  І  А
П  А  Я  Ц  І  И  Р  Г  І  І  З  О  Б  М  Ш  Ф
О  Ж  І  Т  І  Р  Ч  Ю  Є  В  А  А  Ф  С  А  Ч
Л  Е  Ф  П  Г  Я  Я  К  Ь  Н  Н  В  Н  Ь  Р  Г
Ю  З  А  Г  А  Д  К  И  А  И  Н  Ш  И  Т  Т  Я
В  М  Р  Л  Е  Ґ  Л  И  В  Ц  Я  Я  К  С  Ч  Л
А  А  Г  К  С  О  Ч  Ю  Щ  Т  Р  Л  Е  І  И  В
Н  Г  О  А  Є  Е  В  Т  Ґ  В  Р  Л  М  Н  Т  О
Н  І  Т  І  У  І  М  Щ  А  О  И  І  П  Ь  А  Л
Я  Я  О  Ш  С  В  О  Е  П  П  Ж  В  І  Л  Н  О
Ґ  П  Ф  Є  Т  Р  Ж  Л  Р  Є  Л  З  Н  Я  Н  Б
О  Ж  Ґ  М  И  С  Т  Е  Ц  Т  В  О  Г  І  Я  И
К  Е  Р  А  М  І  К  А  А  Ц  П  Д  Х  Д  А  Р
З  А  Д  О  В  О  Л  Е  Н  Н  Я  Ю  Ч  Л  У  О
```

ДІЯЛЬНІСТЬ	МИСТЕЦТВО
РЕМЕСЛА	ЧИТАННЯ
В'ЯЗАННЯ	МАГІЯ
ТАНЦІ	ШИТТЯ
ФОТОГРАФІЯ	РОЗСЛАБЛЕННЯ
ІГРИ	ЗАДОВОЛЕННЯ
РИБОЛОВЛЯ	ЗАГАДКИ
ПОЛЮВАННЯ	САДІВНИЦТВО
КЕМПІНГ	НАВИЧКА
КЕРАМІКА	ДОЗВІЛЛЯ

17 - Vormen

```
С А Л О Б Р Е П І Г Е Х К К Б Б
Ф Ц Р А Ю С Я Б Р Й Л Ц Р К У Ж
Е І Ж А Р Д Н І Л И Ц Ь И К М Б
Р Я Д Є Щ Ш Ф К Ц Л З П В И Т Н
А Т Ш В Ш Я Щ И О Г А М А Н П Н
Л І Н І Я С П Н И У С П А Т Р О
Ш Ц В Л Н Е Ю Т Є Р Г Г Д У Г Є
Є Ч Ґ І Т Л И У Щ К П А І К У Т
П Л О Щ А І Х К С Щ Ґ Г М О Л Ґ
Ь У Р Ш И П К О Л О С Н А Т Х Х
Б Я І Щ Ю С Т М В Ц У Б Р А Б Н
К Ь Л Д К Ґ Ґ Я Ю А Б Т І Г Ш Я
Ф О Д У Г А Ф Р У Щ У М П А Ш В
Ь С Н Ш Р Є Р П Ю Б И Г Ш Б Х И
Ф Ґ Б У Р Г И Т Р И К У Т Н И К
С Г М Т С Е Г Щ Ь Щ И У Ф П Ж Є
```

СФЕРА	КУБ
ДУГА	ЛІНІЯ
ЦИЛІНДР	ЕЛІПС
КОЛО	ПІРАМІДА
КРИВА	ПРИЗМА
ТРИКУТНИК	ПРЯМОКУТНИК
КУТ	КРУГЛИЙ
ГІПЕРБОЛА	БАГАТОКУТНИК
БІК	ПЛОЩА
КОНУС	

18 - Diplomatie

```
П О С О Л Ь С Т В О Ю Г Г С Н Г
Е Г К А Е Л Й П Ґ Е Ґ У Р П Ц Р
Ж Л Л М Ц В И Ж А И А М О І І О
І Н О З Е М Н И Й И М А М В Л М
Х Д І С Р Д Ч Б В Є В Н А П І А
П Ю Ь У О Ю И С Є О Ґ І Д Р С Д
У Р Я Д И П Т Г Д Р М Т Я А Н А
Щ О Ж Ш Я М А А Б І Д А Н Ц І Г
А Д Т О А Н М Х Е Ш О Р И Я С А
Г С І К И А О М З Е Г Н Щ С Т Ю
П А К И Т І Л О П Н О И Б Е Ь Ю
Є Щ Ь Р О У П Е Е Н В Й Щ Е Ґ Я
И Ь Г О Л Ь И Т К Я І В Ц Є У А
Ю А Л А Р К Д И А Щ Р Р М Ґ Є Л
Р А Д Н И К Ю К К О Н Ф Л І К Т
Л Е А І Б Л И А Л С Ґ Ю П І У Ч
```

РАДНИК	ГУМАНІТАРНИЙ
ПОСОЛЬСТВО	ЦІЛІСНІСТЬ
ПОСОЛ	РІШЕННЯ
ІНОЗЕМНИЙ	ПОЛІТИКА
ГРОМАДЯНИ	УРЯД
КОНФЛІКТ	СПІВПРАЦЯ
ДИПЛОМАТИЧНИЙ	МОВИ
ЕТИКА	БЕЗПЕКА
ГРОМАДА	ДОГОВІР

19 - Astronomie

```
К  Г  М  В  К  О  М  Е  Т  А  Р  І  Р  Ю  Р  О
Ш  Ь  Р  І  В  Н  О  Д  Е  Н  Н  Я  Т  Е  Л  Б
Ю  Ц  Ю  В  М  В  А  Т  М  Е  Т  Е  О  Р  Д  С
Д  Я  Д  Ш  Я  П  Щ  І  Л  Ж  Б  В  Н  Ш  М  Е
А  С  Т  Р  О  Н  А  В  Т  Р  В  О  И  Я  В  Р
Т  І  П  Т  К  П  Н  С  С  Ц  А  Д  Ь  О  Ґ  В
Е  М  О  Г  Є  Н  І  Е  Є  У  Ф  К  П  К  Я  А
Н  З  К  О  С  М  О  С  Т  У  З  К  Е  К  І  Т
А  Е  С  Д  А  Є  Б  В  Н  Ф  Ц  І  И  Т  Ц  О
Л  М  Е  Ґ  Ї  Р  Ь  С  Б  У  П  С  Р  В  А  Р
П  Л  Л  Ч  Ц  О  В  Щ  Ю  Ґ  У  З  Щ  Я  Т  І
П  Я  Е  А  С  Т  Р  О  Н  О  М  І  О  К  І  Я
Ж  Щ  Т  П  М  Ч  Ч  Е  М  Ф  М  Р  Ч  Ґ  В  У
Р  А  Д  І  А  Ц  І  Я  Т  Ц  Б  К  В  Ц  А  К
С  У  П  У  Т  Н  И  К  Ш  С  Б  А  М  Ц  Р  Б
Т  У  М  А  Н  Н  І  С  Т  Ь  А  Ю  Р  Ю  Г  І
```

ЗЕМЛЯ	ОБСЕРВАТОРІЯ
АСТЕРОЇД	ПЛАНЕТА
АСТРОНАВТ	РАКЕТА
АСТРОНОМ	СУПУТНИК
РІВНОДЕННЯ	ЗІРКА
КОМЕТА	СУЗІР'Я
КОСМОС	РАДІАЦІЯ
МІСЯЦЬ	ТЕЛЕСКОП
МЕТЕОР	ВСЕСВІТ
ТУМАННІСТЬ	ГРАВІТАЦІЯ

20 - Vakantie #2

```
В  И  Ф  Р  Д  Ч  Ш  О  У  С  А  Б  У  Ж  Д  Б
С  І  С  К  А  Т  Ю  Б  І  Т  Е  Ю  Г  Д  О  Г
Д  Ь  З  И  Ґ  Г  С  М  Ш  Ж  Р  Б  Д  І  З  В
Я  Н  Н  А  В  Ю  Н  О  Р  Б  О  А  И  К  В  Р
Є  Х  Ю  Ц  Щ  Щ  Б  Т  Р  О  П  С  А  П  І  Ф
І  Н  О  З  Е  М  Е  Ц  Ь  С  О  О  Л  Ф  Л  Т
Н  А  М  Е  Т  Ц  Н  Ц  Л  Т  Р  Ь  Е  Ь  Л  Р
Ю  К  Р  Ч  Т  Г  П  Ц  Е  Р  Т  У  Л  Х  Я  А
К  Е  М  П  І  Н  Г  Ц  Т  І  К  Б  Т  І  Ф  Н
Р  Е  С  Т  О  Р  А  Н  О  В  Ф  А  Ч  Б  К  С
П  О  Д  О  Р  О  Ж  Г  Я  С  М  Р  Н  Ґ  П
С  Ф  Л  Б  Н  Ш  І  Я  Х  Ю  В  О  А  Т  Ю  О
Т  Ч  О  В  Г  М  Д  С  Л  Х  Я  Р  У  К  А  Р
І  Х  Ю  У  П  У  И  І  Т  П  Т  Е  В  Л  А  Т
І  Н  О  З  Е  М  Н  И  Й  О  О  А  Е  Ч  М  Д
П  Р  И  З  Н  А  Ч  Е  Н  Н  Я  Я  Ґ  Ф  Я  Ц
```

ПРИЗНАЧЕННЯ	БРОНЮВАННЯ
ІНОЗЕМЕЦЬ	РЕСТОРАН
ІНОЗЕМНИЙ	ПЛЯЖ
ОСТРІВ	ТАКСІ
ГОТЕЛЬ	НАМЕТ
КАРТА	СВЯТО
КЕМПІНГ	ТРАНСПОРТ
АЕРОПОРТ	ВІЗА
ПАСПОРТ	ДОЗВІЛЛЯ
ПОДОРОЖ	МОРЕ

21 - Weersomstandigheden

```
Д Н Л Х В А Ь Ж Ш Ґ В Д О Б В М
Т О Ґ І Ж К Ь Ф Ж Г Е С Б Л І У
О Е Я О Д А Н Р О Т С О Ц И Т С
Ю Г М Б У Р І С В Х Е Ґ Л С Е О
М Ж Р П Ц Ь В І Т В Л А У К Р Н
М Р В И Е Д О Г І Е К Т Р А Я И
Б Б Ш Є М Р П Н Д Ш А М А В Р Г
Є Б Е Й Є Т А Ц І Ш Ж О Г К В Ю
Л Х Ч И Д Ь Х Т Ц Ґ Б С А А И Н
Д Е Р Н А М У Т У Н В Ф Н Я Ь І
Є М Н Р І У С Л Ш Р Е Е Р С Ь Ґ
Н У Н Я В Е О Р У Ю А Р А М Х Ш
Е Ф Ш Л Д Л П Ж С Є Т А Ж У О Р
Б Т Р О П І Ч Н И Й И Г О Л О В
О Є В П К Л І М А Т Щ Е Б Я Л У
Е Ч І Ф Г Б А Ч В Л Ю Є Е Р К С
```

АТМОСФЕРА	ПОВІНЬ
БЛИСКАВКА	ПОЛЯРНИЙ
ГРИМ	ВЕСЕЛКА
ПОСУХА	БУР
НЕБО	ТЕМПЕРАТУРА
ЛІД	ТОРНАДО
КЛІМАТ	ТРОПІЧНИЙ
ТУМАН	ВОЛОГИЙ
МУСОН	ВІТЕР
УРАГАН	ХМАРА

22 - Eten #2

```
Я  К  У  Р  К  А  К  С  Т  П  М  Є  І  Е  Ь  Т
Б  П  А  Ф  Б  Б  Ь  И  А  Е  Є  Ш  В  У  Ш  Щ
Л  Ф  Ш  А  І  И  Г  Р  Е  Р  О  Д  І  М  О  П
У  Ь  І  І  Н  Р  Ь  Ш  А  С  А  Ю  К  Ш  Б  Й
К  Х  Л  І  Б  Ф  Р  Г  І  И  И  Ь  Є  П  А  О
О  И  Т  К  Р  Б  І  Л  О  К  О  Р  Б  Ш  К  Г
Я  В  И  Н  О  Г  Р  А  Д  Ю  Щ  Щ  Ь  Е  Л  У
Ш  Й  П  Ж  Ч  Г  В  Т  Ч  І  С  К  Я  Н  А  Р
Я  И  Ц  Т  А  Н  А  Н  А  С  Ч  Е  Л  И  Ж  Т
П  Ч  Н  Е  Ь  Т  А  Е  В  Г  О  Ф  Щ  Ц  А  Ч
С  Л  Ж  К  Л  Е  Л  Н  Т  Ґ  К  Б  В  Я  Н  Е
П  Д  И  О  А  П  Ч  К  А  М  И  Г  Д  А  Л  Ь
А  Я  Ч  Е  Г  Ґ  Е  С  Є  Б  Ч  Ш  Х  У  А  С
Р  В  У  Г  У  Ь  Л  Щ  Щ  Х  Т  Ц  У  Р  Я  Ф
Ж  О  В  Є  Х  Л  Ц  Щ  О  П  Л  И  Є  Г  Е  И
А  Ь  И  Я  Р  Ш  Е  Л  Є  С  Ш  Е  Л  Ґ  Я  Ж
```

МИГДАЛЬ	ШИНКА
АНАНАС	СИР
ЯБЛУКО	КУРКА
СПАРЖА	КІВІ
БАКЛАЖАН	ПЕРСИК
БАНАН	РИС
БРОКОЛІ	ПШЕНИЦЯ
ХЛІБ	ПОМІДОР
ВИНОГРАД	РИБА
ЯЙЦЕ	ЙОГУРТ

23 - Restaurant #1

```
О Ч І Ф Ш Ш Ф К Ж Ь Ц Ю Ч Ю Е С
Ф А Р Ю Ц І Щ Ц А К Л І Р А Т Е
І Ш Ґ Л Ф М І Ь О С Я М Т В С Р
Ц А О Ш О И Е Х Б У И Т Е А Б В
І Х Л І Б Ц Н Х Л О Ц Р Ч К Щ Е
А Г І Н В Х К Т С С В Е Г Ю И Т
Н Я І Г Р Е Л А П Ш Ю С Ц К Г К
Т Н Б Т А Ж Н А Ж Ю Н Е М У Ю А
К Н Ь Н Ґ Ж Л Г А К Х Д Є Х Д Щ
А А О М М Р П Ж Є Л Д Є Ж Н Ф В
Р В И Т М І С И К Ж У К Ї Я Я Т
М Ю И Ґ К Ж К И Ю У Б У Ж Ч Т Є
І Н Г Р Е Д І Є Н Т И Р А І А К
Г О С Т Р И Й Н Б Ф Ю К Т Е С С
Ш Р Ж С Щ Ч У Р В У В А Т С І М
Є Б Ч Ю П Л І Я О Е Е Е Е И Є Ц
```

АЛЕРГІЯ
ТАРІЛКА
ХЛІБ
ІНГРЕДІЄНТИ
КАСИР
КУХНЯ
КУРКА
КАВА
ЧАША
МЕНЮ

НІЖ
ГОСТРИЙ
БРОНЮВАННЯ
СОУС
ОФІЦІАНТКА
СЕРВЕТКА
ДЕСЕРТ
М'ЯСО
ЇЖА

24 - Geologie

```
В Ж Р Х Т Л П У В А Е Й С Є Ь Г
К У Ф Ш Е П Е Б Т И Ш И О Р Ч Е
А И Л Ь И Х Ч С У Л К В Ф Ч Л Й
Л Р О К Л Ж Е Ф Щ А Н О З Р Я З
Ь У Ю Щ А Щ Р А Ш Р Д Л П Т А Е
Ц К Ч Щ Т Н А Ф У Е Н А Ь Н Т Р
І К В Д С Ц В К І Н Щ Р А Е И М
Й Е Д А И І А Г Є І Ш О Н Н Т Й
Ю К Т Д Р У Л Х К М Х К Ц И К У
В Р Е М К Ц У Н І А Ц В И Т А Л
С У Р Т Е Л М Е З Щ М Х Х Н Л Р
А Т О Л С И К Л Ю У У Ц Д О А П
М К З С І Л Ь Н І М А К Я К Т Л
В Ц І У А К Ґ Ь Д И П А Ь О С А
Л Щ Я И Є К Л І Ч Щ Г Ь К Ю Ц Т
Ь Ч С В Л І В И И Ф І М Б Ґ Є О
```

ЗЕМЛЕТРУС	ШАР
КАЛЬЦІЙ	ЛАВА
КОНТИНЕНТ	МІНЕРАЛИ
ЕРОЗІЯ	ПЛАТО
ВИКОПНИЙ	СТАЛАКТИТ
ГЕЙЗЕР	КАМІНЬ
ПЕЧЕРА	ВУЛКАН
КОРАЛОВИЙ	ЗОНА
КРИСТАЛИ	СІЛЬ
КВАРЦ	КИСЛОТА

25 - Specerijen

```
К Н Р С А Б К Ж Ь І Р С Т Ш Ь У
О Є І О І Ь Ь І Л І Н А В Ь Т Я
Р А Л Л Р Н Є М Г І Р К И Й М Е
І М О О Р Щ А Б Ц И Б У Л Я Т Т
А У Л Д А Я Ц И Р О К И Н С А Ч
Н К Ь К К А Я Р Ь Г Ц Д Т Ш М Е
Д Р П И К А Р Д А М О Н Г А О Є
Р У К Й П А П Р И К А И Г Ф Р Н
Ф К М И Н С П Ф Щ Н И Я Ю Р А Ф
П Е П Н І И Е Л С Т В Д Щ А Ж Щ
Е У Н Н Ц Ю Р С І Ж Ф Х З Н Ю У
Е Ф И Х А Н Е Л Л Х Ґ Я Д О П Ш
У Ю Т Р Е А Ц Л Ь І У Р І М В Т
Ш Д Ш І Ю Л Ь Е К Ж Д В І П Ц Г
Я Щ Ь Ч Щ Ч Ь Щ Щ Д А Ю А Ю Г Ш
Ч Д Т К Р Е Ф Н Р Ф Т Ю У А В І
```

АНІС	КУРКУМА
ГІРКИЙ	ПАПРИКА
ІМБИР	ПЕРЕЦЬ
КОРИЦЯ	ШАФРАН
КАРДАМОН	АРОМАТ
КАРРІ	ЦИБУЛЯ
ЧАСНИК	ВАНІЛІ
КМИН	ФЕНХЕЛЬ
КОРІАНДР	СОЛОДКИЙ
ГВОЗДИКА	СІЛЬ

26 - Groenten

```
О  В  Є  Р  П  Л  У  Ж  К  М  Ц  Ч  Е  К  Т  О
Ж  І  Ч  Е  Ч  Ж  Ш  А  Л  О  Т  И  Х  О  Є  Р
Б  Р  О  Д  І  М  О  П  Х  Х  Т  І  К  Ш  Ф  У
Д  Р  Я  И  Я  Н  Є  І  П  Є  В  Ь  М  И  Я  С
Щ  Ф  О  С  Щ  Г  Ю  Р  Р  С  А  Л  А  Т  Е  І
Ш  А  Ь  К  Б  Ц  Ш  П  И  Н  А  Т  О  Р  Ш  С
Я  И  Х  В  О  О  А  В  Б  И  Р  Г  Н  А  А  Ю
П  С  І  У  А  Л  Л  Н  М  Ш  И  Р  А  В  Ґ  В
Ц  Е  Є  Г  А  Ю  І  С  І  Л  С  Х  Ж  Ц  О  Б
Б  И  Т  С  Ь  Х  Я  К  З  У  Б  Р  А  Г  Г  Ш
А  У  Б  Р  Е  К  Н  Н  А  К  В  И  Л  О  І  У
Б  И  Б  У  У  С  Е  Л  Е  Р  А  Е  К  Р  Р  А
Д  Я  Щ  У  Л  Ш  М  О  Р  К  В  А  А  А  О  Б
Ь  Л  П  Є  П  Я  К  И  Н  С  А  Ч  Б  Х  К  П
Г  В  Т  В  А  А  М  А  Т  Я  П  Ж  Ґ  Є  Ш  П
У  Т  Ф  Ь  Ш  И  Є  М  А  Ц  О  А  Б  У  Ґ  Є
```

АРТИШОК	ГАРБУЗ
БАКЛАЖАН	РІПА
БРОКОЛІ	РЕДИС
ГОРОХ	САЛАТ
ІМБИР	СЕЛЕРА
ЧАСНИК	ШАЛОТ
ОГІРОК	ШПИНАТ
ОЛИВКА	ПОМІДОР
ГРИБ	ЦИБУЛЯ
ПЕТРУШКА	МОРКВА

27 - Archeologie

```
Т В Ф Л О А Х Р Т Б Ф Ь К У Н О
И И К Т С І К И С М Ц П І Р Е Н
Ь С В Ж Х Д Р Ж Т І С П В К В А
Д Н Е П Е Ю У Є Ш К Ш П Ж О І Щ
Р О С Е Ф О Р П Е Щ Ш І Л М Д А
Е В Ц И В І Л І З А Ц І Я А О Д
Р К А Е Ф А К Н І Ц О М І Н М К
А И Т Ґ Ч Р Н О А У О О В Д И А
Х Д П Е Ю Є А А Є І О Г К А Й З
Т Ь Ж О Ф Р П Г Л Н А И І О И А
Т А Є М Н И Ц Я М І К Л Л Б Н Б
Д О С Л І Д Н И К Е З А Е Є П У
Д Ц І Ю Ч Ь Б Ж Ь Ш Н Н Р К О Т
Х Р А М Е К С П Е Р Т Т Ш Т К И
Є О Л Ж Є К Щ Щ Р Ґ К М И Г И Й
Є С Х И Ф Б В Ь Н У Л Ф Т И В Н
```

АНАЛІЗ	НАЩАДКА
ЦИВІЛІЗАЦІЯ	ОБ'ЄКТ
ВИСНОВКИ	НЕВІДОМИЙ
КІСТКИ	ДОСЛІДНИК
ЕКСПЕРТ	ПРОФЕСОР
ОЦІНКА	РЕЛІКВІЯ
ВИКОПНИЙ	КОМАНДА
ФРАГМЕНТИ	ХРАМ
МОГИЛА	ЕРА
ТАЄМНИЦЯ	ЗАБУТИЙ

28 - Dans

```
В И Р А З Н И Й Ф Т Х Ґ А Ж Ю М
Й Е М О Ц І Я И Ф І О Т К Е К И
Р И Т М Е С І Н В Л Р Л А П Л С
В Р Н Ш Х И Н С Ц О Е І Д О А Т
І Е Я Й О Р О І Ґ Х О Ґ Е О С Е
З П Т Б І Ж А Д Л І Г К М К И Ц
У Е Х Я Б Ц К А Г Ж Р У І У Ч Т
А Т Е Ь Ґ Ґ И Р А Ь А Л Я Л Н В
Л И П Т Є Щ З Д В Ф Ф Ь Ґ Ь И О
Ь Ц Е А Т Х У Р А О І Т С Т Й П
Н І Л Д Р Ф М А Т Р Я У Я У Ь И
И Я К О Ф Т Є Т С Ш Т Р І Р В Н
Й И І Г И О Н К О Ь Е Н С А Я В
Щ Ш А А Ч Ґ И Е П Ю Ґ И І С Ю Е
Б Ю Є Л Д Л Я П Р Ю К Й Я К Ф Т
Є Ф В Б М Я І Ж У Х Ь А Я Р Ф П
```

АКАДЕМІЯ	КЛАСИЧНИЙ
РУХ	МИСТЕЦТВО
РАДІСНИЙ	ТІЛО
ХОРЕОГРАФІЯ	МУЗИКА
КУЛЬТУРНИЙ	ПАРТНЕР
КУЛЬТУРА	РЕПЕТИЦІЯ
ЕМОЦІЯ	РИТМ
ВИРАЗНИЙ	ТРАДИЦІЙНИЙ
БЛАГОДАТЬ	ВІЗУАЛЬНИЙ
ПОСТАВА	

29 - Ziekte

```
З С Е І В Л Ю З Ц Т Х Є И К О Р
А Ж Р М Ш П И О Ц Я Е С Е Р Ц Е
П А С У Н И С Ю Я І Г Р Е Л А О
А Ї О Н В Е Р Е Ч Я Л Л А Н Н Ш
Л К С І Г Ж К Ю Ж Ж Я Е Т П С Д
Е І П Т Б З Д О Р О В Я Н І І Щ
Н С А Е М Е Д К С К Щ Е М Н Ь Я
Н Т Д Т В Ж И М Л М Н Є Б Ч Я І
Я К К С И Є Х З А Р А З Н И Й Т
Б И О Ч Р Д А Т Ц Ю И Ф С Т Р А
М Ґ В В Ю Н Л А П Ч Н Ж Ч Е Ц П
Т Ю И Д Щ В Ь Ц У Ь В Д А Н В О
П І Й Ц Х К Н Ґ Ю Н Ю И Щ Е Н Р
Ц П Л Р О Д И Р Н П П Д Ю Г Е Й
Ш Ґ К О Х Т Й И Н Ч І Н О Р Х Е
С И Н Д Р О М С Л А Б К И Й Х Н
```

ДИХАЛЬНИЙ	СЕРЦЕ
АЛЕРГІЯ	ІМУНІТЕТ
ЗАРАЗНИЙ	ТІЛО
КІСТКИ	НЕЙРОПАТІЯ
ЧЕРЕВНОЇ	ЗАПАЛЕННЯ
ХРОНІЧНИЙ	СИНУС
СПАДКОВИЙ	СИНДРОМ
ГЕНЕТИЧНІ	ТЕРАПІЯ
ЗЦІЛЕННЯ	СЛАБКИЙ
ЗДОРОВ'Я	

30 - Immigratie

```
М  У  Ю  С  Ц  Г  Щ  І  Д  Ч  Я  Р  Д  Н  С  Ц
Ч  Ч  О  Ш  К  Д  Ь  А  Г  О  М  О  П  О  Д  Є
Т  П  Є  Я  С  І  Ч  К  Ж  Ц  Р  К  Н  К  Н  Щ
Ч  Ю  Н  І  Ф  Т  С  И  Х  А  З  О  Ч  А  Л  Н
У  Ь  Я  Ц  Ш  И  П  Р  О  Ц  Е  С  С  З  Ґ  І
Ф  І  Н  А  Н  С  У  В  А  Н  Н  Я  С  Л  Я  Р
Х  П  Н  Р  Р  І  Ш  Е  Н  Н  Я  К  Г  Ж  І  Д
Ц  Е  Е  Т  Ф  І  М  Л  Е  Х  Ґ  У  Ь  И  Ц  Я
И  Р  Ж  С  Д  О  К  У  М  Е  Н  Т  И  Т  А  И
Є  Е  Д  І  Т  Я  П  Ф  М  В  І  Ф  Б  Л  У  Л
Г  Г  Р  Н  І  М  Р  Е  Т  О  Ф  И  П  О  Т  Х
Д  О  Е  І  З  В  Я  З  К  И  В  М  Г  Б  И  Л
К  В  В  М  Ш  Г  Є  А  В  Х  Щ  А  Х  Г  С  І
В  О  Т  Д  О  Ь  Я  Ф  Ь  Я  О  Ф  І  Ц  Е  Р
І  Р  А  А  С  Т  Р  Е  С  В  М  С  Щ  Ш  О  И
И  И  З  Щ  Ґ  Ґ  М  У  Ц  Р  К  Т  Х  Н  Ж  Ь
```

АДМІНІСТРАЦІЯ	ПЕРЕГОВОРИ
ЗАХИСТ	РІШЕННЯ
ЗВ'ЯЗКИ	ПРОЦЕС
ДОКУМЕНТИ	СИТУАЦІЯ
ФІНАНСУВАННЯ	СТРЕС
ЗАТВЕРДЖЕННЯ	МОВА
ЖИТЛО	ТЕРМІН
ДОПОМОГА	ДОРОСЛІ
ДІТИ	ЗАКОН
ОФІЦЕР	

31 - Sport

```
Г І М Н А С Т И К А Д Н А М О К
Б Р У В П М Є Х У М О Н Ч Б Е Ч
С Е П Е Р Е М О Ж Е Ц Ь Ґ Д Т Е
Т Н Й Р Н Щ Х Ш Н Р С У Д Д Я М
А Е Р С У Г Г О С Я Щ Ю Ш Я І П
Д Р Ч В Б Х Р Ь М І Т Ь С Д З І
І Т Р Е О О А Є Ц Ж Ж Є Ф Н А О
О І Ш Л Ф Ь Л О Г Є М Ш Ь К Н Н
Н Т Н О Ґ Ґ О У Ш Ю Ф О Є Я М А
Ґ Р Ґ С Р Є Б Ф Я Щ Є П Я Т І Т
Є Б И И А У Т Р Є Ж І Ф У Л Г Ґ
Т І Ф П В Я Е С П О Р Т С М Е Н
Ь Е Ц Е Е Е К У Ч Е Х О К Е Й Б
Ф Ж Н Д Ц Р С Ф П Л А В А Т И К
К Б Щ І Ь Р А К І Д Е Б Р Д С Х
Є И Ь П С Х Б А Є Л У Щ Р Б Ш Т
```

СПОРТСМЕН
БАСКЕТБОЛ
РУХ
ВЕЛОСИПЕД
ГОЛЬФ
ГІМНАЗІЯ
ГІМНАСТИКА
ХОКЕЙ
БЕЙСБОЛ
ЧЕМПІОНАТ

СУДДЯ
ГРА
ГРАВЕЦЬ
СТАДІОН
КОМАНДА
ТЕНІС
ТРЕНЕР
ПЕРЕМОЖЕЦЬ
ПЛАВАТИ

32 - Mythologie

```
П О М С Т А Є А К Н І Д Е В О П
С Т В О Р Е Н Н Я У Г І Г Ю Х Л
Є О И Л Я Я Х Л Н У Л Е Н Ґ И В
Ґ Ф Г М В Т Ш Н Ї О В Ь Р Л Л И
Л А Б І Р И Н Т О Ф Ь Ш Т О Е Т
Ч Д М Р Р П К Ь Р Л Ц І С У Й Н
Р Н Д Г Е Ч И Ь Е К Л Г Н Н Р Т
Я Е Р І В Ґ Р Т Г Ш Б Х О Ш П А
К Г С Е Н Ю Є Т Е Х Т У М Б Ґ Т
О Е Ш Щ О Р Ц Ф О Х А Ґ И У М О
И Л Я С Щ К Й И Н Т Р Е М С К Т
М В Ш К І Г Л Ю С И Л А Ґ Ь Т С
Ж Є Г Ж Б Е З С М Е Р Т Я Ш Б І
К А Б Л И С К А В К А Ф Л Ц Щ Є
Ґ П У Ч Б Ж Н Е Б О Ю В У Щ Б Ж
І Ж Ш Н И Н А П Ц У И И Ш І Ю К
```

АРХЕТИП	РЕВНОЩІ
БЛИСКАВКА	СИЛА
СТВОРЕННЯ	ВОЇН
КУЛЬТУРА	ЛЕГЕНДА
ГРІМ	МОНСТР
ЛАБІРИНТ	БЕЗСМЕРТЯ
ПОВЕДІНКА	ЛИХО
ГЕРОЙ	СМЕРТНИЙ
ГЕРОЇНЯ	ІСТОТА
НЕБО	ПОМСТА

33 - Eten #1

```
Л Х Б С А Я Ц И Р О К И Щ С Р Х
Ь И Б Ґ М Б Ч У Ц Ф Т В Щ П І Ґ
Д Ц И Т Ю Ю Р М О В Ґ Т В О В К
Ч И Щ Ж Ж И О И І О Я Щ Я К С И
О Б И М Г А К А К Н Н И С О Д Н
П У С Я Х І У Я Р О Ь Т А Л А С
Ь Л І С Ь Я Ц Ц К Е С Л Р О Ч А
В Я Е О Ф Ш П И Н А Т И Х М Ж Ч
А Ж Щ Ь Г Ч В Н Т В Б М Д Е Ф Г
С Ґ Х К Т Р Л У Ф Т Ф О Б П Ф Ч
И М О Р К В А Л Б Т Ь Н К О Е М
Л У В А Е І М О Ж Щ П К І Ь П Ш
Ь Ц Е Н У Т К П А Н И Ж В Я В Л
М Ф О Д І Ґ А К Г Д Г У Е М Ґ Н
А Р А Х І С Я С Ч Ж Ц И Т Г Л К
Ф Ґ У У Г Р У Ш А В К Я И Л И Г
```

ПОЛУНИЦЯ	САЛАТ
АБРИКОС	СІК
ВАСИЛЬ	СУП
ЛИМОН	ШПИНАТ
ЯЧМІНЬ	ЦУКОР
КОРИЦЯ	ТУНЕЦЬ
ЧАСНИК	ЦИБУЛЯ
МОЛОКО	М'ЯСО
ГРУША	МОРКВА
АРАХІС	СІЛЬ

34 - Avontuur

```
Н Е Д Ю Я Д Т Р П Л В І Ш Я Л О
Е Н І Ю І Р Ґ А О Е К С В І Ф Ч
З Т Я П Г У М Д Д Д Є Ж Ь С Ч Ш
В У Л Х Є З А І О М А Р Ш Р У Т
И З Ь П О І Ь С Р Б Е Р К У В Н
Ч І Н І Р Р Л Т О Х Е Р Г К Ц О
А А І М Ш И О Ь Ж М Щ З Ж С Ш В
Й З С И Н Г З Б І Ф Ш Н П К И И
Н М Т О Ж Ю Ь Н Р М Ґ Ч П Е Ю Й
І В Ь Р Г Б Ш В А І Ш А Н С К С
Н А В І Г А Ц І Я Ч С Я Ч М П А
П І Д Г О Т О В К А Е Т Х Я Ш С
В Т Р У Д Н І С Т Ь Ґ Н Ь Д Р А
Т А Й И Н Ч Е П З Е Б Е Н Ц Ш Р
П Р И Р О Д А А Л Ж Ш Ф К Я Щ К
П Р О Б Л Е М И А Р Б Ь Б Д Ж Ц
```

ДІЯЛЬНІСТЬ	НОВИЙ
ПРИЗНАЧЕННЯ	НЕЗВИЧАЙНІ
ЕНТУЗІАЗМ	МАРШРУТ
ЕКСКУРСІЯ	ПОДОРОЖІ
НЕБЕЗПЕЧНИЙ	КРАСА
ШАНС	ПРОБЛЕМИ
ХОРОБРІСТЬ	БЕЗПЕКА
ТРУДНІСТЬ	ПІДГОТОВКА
ПРИРОДА	РАДІСТЬ
НАВІГАЦІЯ	ДРУЗІ

35 - Restaurant #2

```
Ю ь С Т Я О Ф Й Л Л У Ф Ю Ґ Т П
К Б А И Т Ф Д І Б О Л С І Р К О
С І Л Ш Д І Ф П І Д Ж И С У У Ц
В Ч А У К Ц Д А Л Щ П К Т О Р Т
Ч О Т Ч Я І Г Н Т Ш Р Ь А Х Ф Б
Х В Д Е Й А Н И Ш К О Л К Ю Щ П
П О Д А Ц Н Б М Ф М В І Л С Щ Е
У О Д П Я Т К Г Р Ф О С И Д Д Р
Ю ь Ґ Є Ю Ч Г Є У Т О В В Ч М Ц
Л Щ С Ю Е Й Р Ь Ж Ц У Е В В Ї Я
И ь Г И Ь Є И П Є Т Р Ч М Л І Д
Х О Ч Ч Д Б Б Н Р Ґ С Е І Ф Ц К
Ц И Ж У Х Б А Т Ч Г М Р К Ш Е К
Т Ц ь Л Ш Р Г Т Ш А Б Я М ь П А
М Х Є Т В Р І Ф Ж Є М Д Т С С Ц
Е Ґ Д Д И Є И С У П И С Ц Р М Е
```

ТОРТ	ЛОКШИНА
ВЕЧЕРЯ	ОФІЦІАНТ
НАПІЙ	САЛАТ
ЯЙЦЯ	СУП
ФРУКТ	СПЕЦІЇ
ОВОЧІ	КРІСЛО
СМАЧНИЙ	РИБА
ЛІД	ВИЛКА
ЛОЖКА	ВОДА
ОБІД	СІЛЬ

36 - Bijen

```
Щ О З В С В К О Р О Л Е В А С Ь
Л В А И О Ю У М Е Д Р Т Ш Б А Т
Б Н П Г Н Н Щ Л Т І М Е Д Ц Д Ч
Л Д И І Ц Х С Г И Н И Л С О Р Я
Л Ю Л Д Е А Ж С Т К Ш Я Ґ С М В
Т Ю Ь Н Ч Б Ж Я І С Ґ Ь Ю В Р М
Ґ Ц Н И Т І Ь А В І К Р И Л А Л
Т Р И Й І Р М П К В П Ь Щ Я П М
Ц Л К Щ Д Ш Ш І Т У С И С Щ Ж І
В Г В Ф Р У К Т І В Ц Г Л Ц М Ґ
Е К О С И С Т Е М А О Щ А О Л Л
Н Ж П В В Ф У О И Х О В Ш Р К В
К А Ї Д М Є К Н Д А М П У Щ А И
Б Д Ж П Ж Ь Р Є Б М А Ь Х І Б Г
Т К А Г Ґ У С Ю С О Х Щ К Д С Щ
Ю Ч Н Р Н Я С Ш Т К Ю А Т И Я Ф
```

ЗАПИЛЬНИК	ДИМ
ВУЛИК	ПИЛОК
КВІТИ	САД
ЦВІТ	КРИЛА
ЕКОСИСТЕМА	ЇЖА
ФРУКТ	ВИГІДНИЙ
МЕД	ВІСК
КОМАХА	СОНЦЕ
КОРОЛЕВА	РІЙ
РОСЛИНИ	

37 - Wandelen

```
В Т О М И В С Я С В А Ж К И Й Щ
Ю О Г Ш К Т Ю І О А Б У О П У Л
К Т Н Ц Е Щ П Ц О Ю М К Л Р Т А
У Ю А Щ П Х І А Ю Ь О І М Ґ Т Б
С Е Д Г З Т Д Т Є Є Б Р Т И Ч Ь
К Щ Ґ О Е О Г Н П О Г О Д А Л Г
П Л У Р Б Ш О Є Т В А Р И Н В Й
Н Р І А Е Н Т І Н Ц Ч О Б О Т И
Д Л И М Н О О Р Ж Х Т Я Ф Е Ґ К
О К В Р А О В О А П К С Ж Ч Є И
Ж Б Ц Щ О Т К Т В У А Д О В Ж Д
П В М Я Г Д А Д Ф Ґ М К А Р Т А
А Л К І У Н А Р І Х Е Ц Н О С Щ
Р П Е А Ч Т Е Р К Г Н І П М Е К
К М К В Г Б Ш В С И І С Л Щ Є С
И Т Х О М Л Ь Ь В Р Х Ю Б Б Є Ь
```

ГОРА	ПАРКИ
ТВАРИН	КАМЕНІ
НЕБЕЗПЕКИ	САМІТ
КАРТА	ПІДГОТОВКА
КЕМПІНГ	ВОДА
КЛІМАТ	ПОГОДА
ЧОБОТИ	ДИКИЙ
ВТОМИВСЯ	СОНЦЕ
ПРИРОДА	ВАЖКИЙ
ОРІЄНТАЦІЯ	

38 - Filantropie

```
Ґ  Г  Ц  І  Л  І  Я  М  А  Ч  Ц  О  Ю  Г  Ч  Б
В  Н  К  Ю  Б  Т  И  М  О  И  Ш  Г  Г  Р  Е  Л
Т  Ш  Є  Ю  Ф  П  І  С  Т  О  Р  І  Я  У  С  А
Ф  Є  Н  Ь  Л  Р  Ґ  Ц  Ф  Щ  Д  Є  І  П  Н  Г
К  О  Ш  Т  И  О  Ф  Д  І  І  Х  Л  С  И  І  О
У  Л  И  Ю  Т  Г  И  Є  И  М  Н  Б  І  Л  С  Д
К  И  Ц  Ч  І  Р  И  Ь  П  Г  У  А  М  І  Т  І
У  О  Ш  Б  Д  А  А  І  К  Т  О  С  Н  В  Ь  Й
Б  Б  Н  А  И  М  Е  Л  Б  О  Р  П  Х  С  Е  Н
Л  У  Ь  Т  Й  И  Н  Ь  Л  А  Б  О  Л  Г  И  І
Ь  Ю  Н  Н  А  Г  Р  О  М  А  Д  А  Х  С  Б  С
Б  І  Д  Й  И  К  Ь  С  Д  А  М  О  Р  Г  И  Т
Р  У  Г  С  Ж  И  Т  Щ  Е  Д  Р  І  С  Т  Ь  Ь
М  К  Д  Л  Т  Г  Л  И  О  А  Р  Е  К  М  У  Ґ
Ц  І  Ш  А  Х  В  Ґ  Т  Т  Л  Ю  Д  И  Ц  С  А
Л  Ґ  Р  Ц  Х  И  О  М  О  Л  О  Д  Ь  С  М  Я
```

КОНТАКТИ	ДІТИ
ЦІЛІ	БЛАГОДІЙНІСТЬ
ЧЕСНІСТЬ	ЛЮДИ
ФІНАНСИ	ЛЮДСТВО
КОШТИ	МІСІЯ
ГРОМАДА	ПРОГРАМИ
ІСТОРІЯ	ГРОМАДСЬКИЙ
ГЛОБАЛЬНИЙ	ПРОБЛЕМИ
ГРУПИ	ЩЕДРІСТЬ
МОЛОДЬ	

39 - Biologie

```
Б У К К А Ж П Ц Б С Б Ю О У П И
І Ж В О О Ф Я Ґ Я Х Б І І Х Р Г
Л П О Є М Л Ф І Л Л Н Є Б Ж И О
О Ь Р Я С І А Ц Г Ф М Б Д Л Р Р
К К Б В Ь Б Р Г Ф Т П Х И Н О М
Ф М В А Ф Б К Е Ч Ь А Х Н Д О
О Е С И Н А П С А Н Р Ч А Е Н Н
Ґ Д Р А Я І М О Т А Н А Н Р И М
Ґ Ю А М О С О М О Р Х Б Н В Й Р
Ф Ш Ь Ц Е В А С С Р У Л Я І Т О
А М Ж Ч І Н Н О І Р Б М Е П Ц Ц
Ф О Г Є Б О Т Ж Щ В Н Е Й Р О Н
А Б В В Т Ф А Ф Г П Ш Н Є П Ю Е
Н Ш Л Ю В Ю Б А Е В О Л Ю Ц І Я
Ф О Т О С И Н Т Е З О І Б М И С
М У Т А Ц І Я І Л И Т П Е Р Ґ И
```

ДИХАННЯ	ГОРМОН
АНАТОМІЯ	МУТАЦІЯ
КОМІРКА	ПРИРОДНИЙ
ХРОМОСОМА	НЕЙРОН
КОЛАГЕН	ОСМОС
БІЛОК	РЕПТИЛІЯ
ЕМБРІОН	СИМБІОЗ
ФЕРМЕНТ	СИНАПС
ЕВОЛЮЦІЯ	НЕРВ
ФОТОСИНТЕЗ	ССАВЕЦЬ

40 - Landen #1

```
Б А Г Ч Т П Ю Л А Я Х К Б Ш І Л
Н Р И Н У Ш П С К Ц У И Н Ч С Н
Я Л А Г Е Н Е С Є А Л И Я Ц П Д
І А Н З О К К О Р А М Е Є У А У
Н Я Щ Є И Л А Т В І Я Б Ц Х Н М
У І Р Х Є Л Р Л Х Л І Н О Р І М
М Г К Я І В І Л Ґ И Г Ц Ґ Д Я Щ
У Е І А Ш К І Я И Ч Ь Б Н М Ж И
Р В З П Р Ф Ф И Н Щ Л Х В А Д А
Ю Р Р О А А Н И Ч Ч Е М І Н У Ш
П О А Л Л М Г Є І Я Б Щ Я У Ц А
Ц Н Ї Ь С В О У В Ь П А Н А М А
М У Л Щ Ь К И В А Є Г И П Е Т Е
У Н Ь А Ґ И Щ М Т І Т К Е Н У В
І Т А Л І Я Ц К А Н А Д А Л Г Р
Я К І Ш У С Д Х Х П Ф И П Х Р І
```

БЕЛЬГІЯ	ЛАТВІЯ
БРАЗИЛІЯ	ЛІВІЯ
КАМБОДЖА	МАРОККО
КАНАДА	НІКАРАГУА
ЧИЛІ	НОРВЕГІЯ
НІМЕЧЧИНА	ПАНАМА
ЄГИПЕТ	ПОЛЬЩА
ІРАК	РУМУНІЯ
ІЗРАЇЛЬ	СЕНЕГАЛ
ІТАЛІЯ	ІСПАНІЯ

41 - Installaties

```
Е П К В І Т К А К І Н А Т О Б Б
Ц Л Д Р У У П У К Е И Д О И Ш А
Е Ю Х Ц Д Ґ С А Д У М Є Ю И В М
Л Щ Ь Ж Ь Ш І Ч Н Б Щ О Ц Р О Б
К О Р І Н Ь Л Ф Л О Р А Х Ц А У
А В С Н Ю Ц М Щ Б У Ф Л Б Є К К
Р Ф Т С Ф Ф Д Ж Є Е Ч И У Є В Л
Ґ Ц Н Щ Ь Х О К М Ж Ф Ч Н Т А Н
У Ц Г Л І Я Б Ж А Д О Г Я Ю С Ф
Т С Ч Ю О Б Р Е В К Я Г О Д О Б
С Щ Я И Х Щ И Ю А И Т И Ґ О Л Р
І И Б Ь П Ж В А Р Т С У У В Я Ц
В І П Н Т Щ О Ь Т С И Г С Е С Ф
И П С Ь Т С І Н Н И Л С О Р Ь В
Ґ Ю Р Ж К Я Е Е Н Л Ч Ч Н Е Т Ь
Р Н Р Ш Я М И Х Ф Ч О Ш И Д И Ю
```

БАМБУК	ТРАВА
ЯГОДА	ПЛЮЩ
ЛИСТ	ТРАВ
КВІТКА	ДОБРИВО
ДЕРЕВО	МОХ
КВАСОЛЯ	БОТАНІКА
ЛІС	КУЩ
КАКТУС	САД
ФЛОРА	РОСЛИННІСТЬ
ЛИСТЯ	КОРІНЬ

42 - Agronomie

```
В О Д А О Д О С Л І Д Ж Е Н Н Я
Ґ В Є У В Б С З Р О С Т А Н Н Я
І Д Е Н Т И Ф І К А Ц І Я Ф Е І
Г Н С К Ц О О К Е Е С Ф И Е К Г
С О А Ґ И Г Ч Р С Р Т К Ц Г О Р
І З С К Н У В Н Г Я О Ч Щ Ф Л Е
Л А Ґ П Б О А Е Н А Ь З Е В О Н
Ь Б А Л О О В О Ч І Н Є І Ґ Г Е
С Р М С Р Д М К В Х Є І А Я І М
Ь У Ф Г И О А С Ь Щ Я Ц Ч Н Я І
К Д Н Ч В М Ж Р Ц С Н Я Ґ Н Е Х
И Н Л Ь У Л Ї П С И Я І М І И П
Й Е Д О Б Р И В О Т Ц Т Ж С Р Й
Р Н С И С Т Е М И С В Н Х А Л Д
С Н С Л Г Є Н А У К А О Я Н В Х
Ґ Я Н С Ш С Е Р Е Д О В И Щ Е И
```

ЕКОЛОГІЯ	ДОСЛІДЖЕННЯ
ЕНЕРГІЯ	ОРГАНІЧНИЙ
ЕРОЗІЯ	ВИРОБНИЦТВО
ЗРОСТАННЯ	СИСТЕМИ
ОВОЧІ	ЗАБРУДНЕННЯ
ІДЕНТИФІКАЦІЯ	ЇЖА
ГОСПОДАРСТВО	ВОДА
СІЛЬСЬКИЙ	НАУКА
ДОБРИВО	НАСІННЯ
СЕРЕДОВИЩЕ	

43 - Oceaan

```
Є А Т А Н Г У Я К Ш Ш Г У Б К А
Я Х У У Х Ю И У О А Р Х Ж А М Х
Р И Б А Н Ґ Ю Ж Р Д П Л Р Р Е А
У Е Л А Ш Е Ш Є А Л Е Р Р К Д П
Б К М Х Р І Ц Ю Л У Я Л И П У Е
Ц И Ж Є Т Ш В Ь О С Я А Ь С З Р
В Т Ц Ю Д Л М Л В Ю Л Б О Ф А Е
Ґ О Ґ Є Б П Е І И Н Х Д Г А І Ч
К Я Д Ь Є С А С Й Х С Ц І К Р Н
Р Х А О В О С Ь М И Н І Г У О Р
Е Ж Щ Ш Р У С Т Р И Ц Я Е Л Ю Я
В К В Л О О Р И Р Г Б Е И А Є А
Е Ф Н В Г П С Я И В И Л П И Р П
Т О И Ц У Т Ь Т Ф Т І Ь Ю Ц П А
К У Р В В Х Я Є Е Ч О В Е Н Л Р
И Д Р В Я К Є Ґ Л Й Ґ І К Щ І Ч
```

ВУГОР	ВОСЬМИНІГ
ВОДОРОСТЕЙ	УСТРИЦЯ
ЧОВЕН	РИФ
ДЕЛЬФІН	ЧЕРЕПАХА
КРЕВЕТКИ	ГУБКА
ПРИПЛИВИ	БУРЯ
АКУЛА	ТУНЕЦЬ
КОРАЛОВИЙ	РИБА
КРАБ	КИТ
МЕДУЗА	СІЛЬ

44 - Landen #2

```
С Г Ч М П Р Ч У Г А Н Д А Б Ю Ф
Ч Б Р Ж Щ Щ Ц Є В Ф С А Ш К Ц Р
М Ф Ґ Е С И Р І Я Л О Є В Б Ч А
Е Х О В Ц Ь Е Е Х Р М Ш Х І Т Н
К К Ь Е Д І Р Ф И О А Л Т Щ Л Ц
С О А Л С І Я І І С Л І Ґ Е Л І
И Я Е П О О У О Р І І Т Ш Г Ч Я
К І О Л Ґ Ґ Я П Л Я І Р Е Г І Н
А Н Ї А Р К У І А Л В Т І К Л К
В О Ц П Р Ш Ч Я Н Ґ Ш У Н У Ц Ю
Ж П К Е Ц Х Щ І Д А Т І Ь Д Б У
Ц Я І Н Е К П Р І А Д Б Д Б Ш Н
Ф Щ У Ш О Х Ш Е Я І З Й А Л А М
Ф В Д Ц Ц Ш К Б Ж Я У Б Ч Е Ф С
Ґ Т І Ф Щ К Я І З Е Н О Д Н І М
Г Ш Л А И Ю Ч Л Н О Є Д Т А Г Л
```

ДАНІЯ	ЛІБЕРІЯ
ЕФІОПІЯ	МАЛАЙЗІЯ
ФРАНЦІЯ	МЕКСИКА
ГРЕЦІЯ	НЕПАЛ
ІРЛАНДІЯ	НІГЕРІЯ
ІНДОНЕЗІЯ	УГАНДА
ЯПОНІЯ	УКРАЇНА
КЕНІЯ	РОСІЯ
ЛАОС	СОМАЛІ
ЛІВАН	СИРІЯ

45 - Bloemen

```
Н  А  Е  В  Ф  Щ  Р  У  Ч  Л  Т  Т  Е  К  У  Б
Г  А  Р  Д  Е  Н  І  Я  В  Р  П  Р  Б  Х  Ш  Ю
К  О  Н  Ю  Ш  И  Н  А  И  Б  Х  О  У  Ю  Ж  Ф
П  О  Ь  Ь  Ь  Б  Б  Б  И  Н  Ш  Я  З  Х  К  В
Р  Л  М  Ч  В  Ж  С  А  Ґ  Я  І  Н  О  В  І  П
Ш  У  Ю  Е  У  А  Б  Б  Т  І  Ж  Д  К  Е  Ь  Ґ
Т  Б  Х  М  К  К  У  Ь  Ю  Л  А  А  У  Ц  В  Ч
Х  Ь  Т  Є  Е  И  Ч  Л  Л  О  С  Ь  Ю  Г  Е  Є
Є  О  У  Г  В  Р  Ф  У  Ь  Н  М  П  А  Н  І  К
Р  Р  Ш  Л  І  И  І  К  П  Г  И  Е  К  А  К  Г
Б  Х  Щ  Л  І  Б  Ґ  Я  А  А  Н  Л  Ш  Д  Д  М
У  І  В  Е  Д  Л  І  Я  Н  М  М  Ю  А  Н  Ч  Р
Ф  Д  Ю  Ж  Е  Ч  І  С  Ж  Ч  І  С  М  А  К  Е
Х  Е  С  Ц  Я  В  Г  Я  К  І  Ґ  Т  О  В  Т  Б
У  Я  В  Ґ  Г  Ч  Ь  Г  У  У  Ш  К  Р  А  О  Ж
В  К  Щ  К  И  Н  Ш  Я  Н  О  С  А  Ю  Л  К  Ц
```

ПЕЛЮСТКА	МАГНОЛІЯ
БУКЕТ	ОРХІДЕЯ
ГАРДЕНІЯ	КУЛЬБАБА
ГІБІСКУС	МАК
ЖАСМИН	ПІВОНІЯ
КОНЮШИНА	ПЛЮМЕРІЯ
ЛАВАНДА	ТРОЯНДА
ЛІЛІЯ	ТЮЛЬПАН
БУЗОК	СОНЯШНИК
РОМАШКА	

46 - Landschappen

```
Ю Д С П Б К Ф Я Р Щ П Ф Г Х Б Н
Е Г Ж И Е О У Ч Ю Н Л У Г Ч Е И
І К Х Ц Р Ч Л Ґ Х С Я Є В Ш Я Р
Ь І Д Н О Х Е О І Ц Ж Є Д Ю Г Е
П Г Щ Р М А Б Р Т І О П Ґ Т Е І
Н Г Р Е Б С Й А А О Л Т Г Л Й П
Ґ М І Т Р В У Ф Л Р И Ю Ю Ь З І
Ґ Ж Ч П О Е П Ц К Е Щ Р Л О Е В
І Н К Г Г Ю Е О І З Ш Р Є Д Р О
Ґ А А Д А П С О Д О В Ч Я О Б С
О К И Е П Б И Т У Н Д Р А В Ф Т
Я Л Б Б К Е З Г О Р А П Н И Ш Р
Ю У О Ь Т О А Я О У Ю Т И К В І
Л В П И Б Є О П У С Т Е Л Я І В
Ш Л В О С Т Р І В О Ф Є О Ж К Ю
Ю Ф У С М Ж Ч В Ю Д У А Д Ч О Х
```

ГОРА	ОКЕАН
ОСТРІВ	РІЧКА
ГЕЙЗЕР	ПІВОСТРІВ
ЛЬОДОВИК	ПЛЯЖ
ПЕЧЕРА	ТУНДРА
ПАГОРБ	ДОЛИНА
АЙСБЕРГ	ВУЛКАН
ОЗЕРО	ВОДОСПАД
БОЛОТО	ПУСТЕЛЯ
ОАЗИС	МОРЕ

47 - Tuin

```
Д  Е  Ю  Б  Ч  П  Я  Ч  Т  В  В  Х  В  Ю  Ф  Г
Я  Я  Ю  А  К  Т  І  В  К  Л  Ф  Щ  Ф  Ж  П  А
О  Ю  С  Т  И  Ь  Л  Ж  В  К  О  В  А  Т  С  М
Р  С  Л  У  Г  А  З  О  Н  А  С  П  О  Щ  И  А
К  Х  В  Т  Н  Д  А  С  О  К  Д  Р  А  Ь  И  К
Ю  Р  І  Л  Б  А  Р  Г  Г  Н  А  Л  Ш  Т  Д  Ь
Ь  Ь  Н  Ь  П  С  В  Ш  Ґ  А  В  А  Р  Т  А  О
Ч  Є  Я  Ш  М  Й  Д  С  О  К  Р  Ц  К  Б  З  Р
Ь  С  Р  А  Л  И  О  К  Л  Р  Д  А  Б  Е  О  І
Д  П  У  Ш  Х  В  А  К  І  А  Ґ  Е  Ж  Л  Л  Б
Щ  Щ  Б  Є  Р  О  Є  А  Т  П  К  Ч  Р  Ч  О  К
Н  Ґ  Ж  Щ  Ш  Т  І  Ц  Л  И  Я  Ш  И  Е  Ч  И
Д  А  Ц  Є  И  К  О  Н  А  Г  Л  А  В  А  В  И
К  У  Щ  Н  Д  У  Ц  С  К  Д  Н  Ь  Д  Ч  Ф  О
А  Г  Ю  Т  Е  Р  А  С  А  С  Ш  Ґ  Ц  О  Д  Р
Д  І  Х  Т  П  Ф  В  П  А  Ю  Ю  Ж  Т  Я  Л  Ь
```

ЛАВА	БУР'ЯНІВ
КВІТКА	ЛОПАТА
ДЕРЕВО	ШЛАНГ
ФРУКТОВИЙ САД	КУЩ
ГАРАЖ	ТЕРАСА
ГАЗОН	БАТУТ
ТРАВА	САД
ГАМАК	ГАНОК
ГРАБЛІ	СТАВОК
ПАРКАН	ЛОЗА

48 - Beroepen #2

```
О Т Л Ц В И П В Ц К Ф Ь А Ф І Щ
Ч С Ш Ж Е І К И Н Д І Л С О Д Н
М І Є Щ Я І І Т Ж Ш Ґ Е Л Т Ц Ж
И В Ґ Ґ Ю Ж У К И Ф І Т І О И Х
Х Г Ь Б Р Е Н Е Ж Н І И К Ґ Ґ И
Р Н Ч П К Х Г Т У Ж Н Ч А Р С Ш
Б І Б Л І О Т Е К А Р В Р А Т И
Я Л А Ф Ж П О Д Ґ П Е Т Ф О Ж
А І Н Щ Ґ М Л И Ґ В М А І С М У
Б І О Л О Г І І Ч А Р Я Л А А Р
Ц Г Ж О С Г П І Л К Е Л О Д Т Н
І Л Ю С Т Р А Т О Р Ф И С І О А
Н Ь А Е Х У Д О Ж Н И К О В Л Л
Т В А Н О Р Т С А Т Ш А Ф Н О І
Х К И Н Д І Х А Н И В Ю М И Г С
А А К Ж П Х Щ К Г Я П Ь Ж К І Т
```

ЛІКАР	ІНЖЕНЕР
АСТРОНАВТ	ЖУРНАЛІСТ
БІБЛІОТЕКАР	ВЧИТЕЛЬ
БІОЛОГ	ЛІНГВІСТ
ФЕРМЕР	ДОСЛІДНИК
ХІРУРГ	ПІЛОТ
ДЕТЕКТИВ	ХУДОЖНИК
ФІЛОСОФ	СТОМАТОЛОГ
ФОТОГРАФ	САДІВНИК
ІЛЮСТРАТОР	ВИНАХІДНИК

49 - Dagen en Maanden

```
Ф Б К Б П Ґ Є Т Т Л Л В Щ Ч І Р
С Н Н Е О Ч Ж И П В Ю П А Е Ю Р
Т Ч Я Р Н Щ Г Ж Б П Т Ч Т Р К О
М А С Е Е І Ц Д К А И С О В Є Є
І Л Л З Д Е Ж Е Ґ Л Й Н Б Е Е Ь
С И Щ Е І Ю Ц Н Ь У Ь Ц У Н Ю С
Я Л І Н Л Ц В Ь Н Е Ч І С Ь У Ч
Ц Ш И Ь О С Р Щ Е Д Ь Л В Н И К
Ь Г Ь П К У Е Р П В Е И Щ Е Щ А
Я Ч Т К Е С Т Р Р Е Ж С Ґ Т А Л
Ж Д И К Н Н Г Е Е К П Т Е В В Е
Н Е Д І Л Я Ь В С Д Р О І О Л Н
П Я Т Н И Ц Я Т Д В А П О Ж Ь Д
Ф Д І Я Ч Б Ф Е Ь Т К А М А И А
Р І К М И Ґ И Ч Т В Ґ Д Ь Ґ Е Р
В І В Т О Р О К В Е Р Е С Е Н Ь
```

СЕРПЕНЬ
ВІВТОРОК
ЧЕТВЕР
ЛЮТИЙ
РІК
СІЧЕНЬ
ЛИПЕНЬ
ЧЕРВЕНЬ
КАЛЕНДАР
МІСЯЦЬ

ПОНЕДІЛОК
БЕРЕЗЕНЬ
ЛИСТОПАД
ЖОВТЕНЬ
ВЕРЕСЕНЬ
П'ЯТНИЦЯ
ТИЖДЕНЬ
СЕРЕДА
СУБОТА
НЕДІЛЯ

50 - Mode

```
С Ш Щ Д Д Д О П Я Е Ь Ч К М В Ч
У Ю Ш Ч Щ Щ Г Р Д К Ш Ч И Ф І Т
Ч И Ч А В Ш І Є И О У Щ М Н З Е
А К В И Ш И В Л В Г Ч Ь Я Б Е Н
С Т Е Ь Ф О С Є Е О І Щ Н Л Р Д
Н Е Ц Н Й М Т И Ь Р Н Н Н Ґ У Е
И К Ь Р И Т И К П О Н К А Р Н Н
Й С И Б Н В Л Г Я Д О Р В Л О Ц
Ю Т М М М О Ь Ж П А Ш Е Ю Л К І
Т У Е К О М Ф О Р Т Н О Р Р И Я
Щ Р Р П Р О С Т И Й И Д І Щ Т Х
Т А Е Х Т К А Н И Н А М М У Ь
А У Ж М С Б Ф М Д Ш Г П И О Б Ґ
В Й И Н Ч И Т К А Р П Ш В Д Т К
Г И В Е Л Е Г А Н Т Н И Й В Ч Ж
С Е О У С Р Ь А П Н Ш С Ц Ґ І Д
```

ВИМІРЮВАННЯ	СУЧАСНИЙ
СКРОМНИЙ	ОРИГІНАЛ
ВИШИВКА	ВІЗЕРУНОК
КОМФОРТНО	ПРАКТИЧНИЙ
ДОРОГО	СТИЛЬ
ПРОСТИЙ	ТКАНИНА
ЕЛЕГАНТНИЙ	ТЕКСТУРА
МЕРЕЖИВО	ТЕНДЕНЦІЯ
ОДЯГ	БУТИК
КНОПКИ	

51 - Tuinieren

```
М Е Ж В В Л Т Ї Ь І К А В Ш Г Б
Ш Л А Н Г К С С И Ь Т О О Ф Ґ О
Г П Д І Н Ч И Т О З К Е Л Р Р Т
К Р О Г В Ю Л І Е П Д В О У У А
В Я В И К Ь Ц В С Г М В Г К Н Н
І Т Ф К Т Е В Н Б С Г О І Т І
Т І Я Ю Є У І И Ь Р Ф Х К О Ф Ч
К Т Т Е К У Б Й А І У Ж Ш В И Н
О Б С В К Л І М А Т Д Д Д И О И
В Ф И Е Ь Ґ А Д В І К М Щ Й М Й
І Л Л Ю З Т Д О Д В П К Б С Щ Ю
Г М К У М О Ф И Т Ц Ш О К А О О
В Ж Ф Р У Я Н Н І С А Н П Д Х Г
Ж Г Л Ю Ч Ж Я Н Ц Н М Г Я И Х М
Ф Ш Ю В Ж Ю Л К И У Ч Л В В М У
К О Н Т Е Й Н Е Р Й Т Щ Б Н Л Е
```

ЛИСТ	ЕКЗОТИЧНІ
КВІТКОВІ	ЛИСТЯ
ЦВІТ	КЛІМАТ
ҐРУНТ	СЕЗОННИЙ
БУКЕТ	ШЛАНГ
ФРУКТОВИЙ САД	ВИД
БОТАНІЧНИЙ	ВОЛОГІ
КОМПОСТ	БРУД
КОНТЕЙНЕР	ВОДА
ЇСТІВНИЙ	НАСІННЯ

52 - Menselijk Lichaam

Я	Т	Ц	И	Д	В	И	Щ	Н	Ц	І	Н	Я	Т	Ч	М
И	З	Г	О	Л	О	В	А	И	І	Ь	Е	Д	С	Ь	Б
Ш	Р	И	Ч	Р	Х	В	К	Д	К	С	Ч	Д	Ш	Л	Г
Щ	Б	К	К	Щ	У	Ь	У	Щ	О	О	Е	І	И	Н	Щ
Ш	К	І	Р	А	В	Ф	Р	Л	Н	П	Л	Р	Я	Ґ	И
М	Ь	Р	Ч	П	М	Ю	Ґ	Н	У	Н	П	О	С	І	І
Я	Є	Є	Л	Е	Б	Г	Ь	І	Л	Р	Я	Б	Т	Т	И
Ж	Т	Ш	О	Л	Г	П	Я	Ю	Ш	О	А	Д	А	К	Т
Л	С	Ц	И	Е	Ж	Ф	В	Ґ	П	Т	Л	І	Ю	О	И
Л	Е	Є	Р	Щ	Т	І	В	И	Щ	Є	Є	П	А	З	Я
Б	Р	Б	Б	В	Л	Б	Ч	Я	Р	И	Б	Ч	Ч	О	П
И	Ц	У	В	Ц	Я	Ш	Ь	Ч	Ф	Е	Т	П	П	М	У
И	Е	Ф	В	Б	К	О	Л	І	Н	А	И	Ф	І	Щ	Ґ
К	А	Г	О	Н	Л	Ц	Г	Б	Д	К	Б	М	О	Г	В
Я	Х	Е	Р	Г	Х	Ф	Є	Ф	Ф	Т	П	У	С	Я	И
Ш	Л	І	К	О	Т	Ь	Ц	Е	Л	А	П	Ґ	Д	І	Ф

НОГА	ПІДБОРІДДЯ
КРОВ	КОЛІНА
ЛІКОТЬ	ШЛУНОК
ЩИКОЛОТКИ	РОТ
РУКА	ШИЯ
СЕРЦЕ	НІС
МОЗОК	ВУХО
ГОЛОВА	ПЛЕЧЕ
ШКІРА	ЯЗИК
ЩЕЛЕПА	ПАЛЕЦЬ

53 - Energie

```
Д Л Ф І Ж Т П Б Й И Н Р Е Д Я С
Н В Х Ц Ю Я Р А П Ф Ф Ш Л Ж И Е
С Д И К Ц Н О Т О Ф Ґ Н Е Р Г Р
І А Н Г Л Н М А В А П Є К Н Т Е
О Щ А Н У Е И Р И І Н Ю Т В Г Д
Ш А В Ю И Н С Е Л Щ О К Р І П О
П А Ю Ґ У Д Л Я А О Р Е И Т Д В
Т Б Л И О У О Л П Е Т Ч Ч Е П И
І Е В Щ П Р В Х К Е К А Н Р Н Щ
Х Ц О Х Ф Б О Ф М Ф Е Ю И Б Г Е
Т Н Н І В А С Ґ Л Ф Л Ф Й Е О Н
Ґ Д О П И З Т В О Д Е Н Ь Н С П
М М П И П Я І П О Р Т Н Е З Ш В
Т У Р Б І Н А Д И З Е Л Ь И Щ Ж
Н В А Ж Х Ц В У Г Л Е Ц Ь Н В А
Х Л М В М П Е Х О Я Ш Л А Ь Р Щ
```

БАТАРЕЯ	ВУГЛЕЦЬ
БЕНЗИН	ДВИГУН
ПАЛИВО	ЯДЕРНИЙ
ДИЗЕЛЬ	СЕРЕДОВИЩЕ
ЕЛЕКТРИЧНИЙ	ПАР
ЕЛЕКТРОН	ТУРБІНА
ЕНТРОПІЯ	ЗАБРУДНЕННЯ
ФОТОН	ТЕПЛО
ПОНОВЛЮВАНИХ	ВОДЕНЬ
ПРОМИСЛОВОСТІ	ВІТЕР

54 - Familie

```
И Д М Т Ю Ь А К Т І Т А Р Р Х О
Д О П Я Щ Е Ц Н М И Б В К Х С Є
Ґ Ч Ф Л В Х Х М И Т А М Ф С Ґ Д
П К Є И Е Ч Ж У Т Ж Б А І Т К Я
С А К К Ч М П Я І И У Л Щ Л Ч Ж
Х Н Ґ Ю Г О І Р Д М С Р А Л Е О
Я И В Н В О Ґ Н Е Ш Я І Д А В В
І Т О З Д И Л Ш Н Д Ш Щ И Е Ю П
Д И Т И Н С Т В О И О К Ь Т А Б
В Д А Л Д І Д П Л Н Ц К У Н О Г
А С Р Б Ц Т П У В Н Р Я И О В Х
П А Б В К А Ю Ч О Л О В І К Т Ч
Р Б А Т Ь К І В С Ь К И Й Ь Е Є
В Ц И П Л Е М І Н Н И К Д Д Х У
Ґ С Е С Т Р А К Ц Ф К Б К Я Л П
Ш Ж П М Ш Л І Л Ь Ч Л Л Н Д О Х
```

БРАТ	ПЛЕМІННИЦЯ
ДОЧКА	ДЯДЬКО
БАБУСЯ	ДІД
ДИТИНСТВО	ТІТКА
ДИТИНА	БЛИЗНЮКИ
ДІТИ	БАТЬКО
ОНУК	БАТЬКІВСЬКИЙ
ЧОЛОВІК	ПРЕДОК
МАТИ	ДРУЖИНА
ПЛЕМІННИК	СЕСТРА

55 - Gebouwen

```
П П И Щ П О Ф Й Е З У М Є Ц Ь В
О И Б У Ф М Є А К В А Р Т И Р А
С Ф Б Л П Л С Р Б Я П Ь Т Н О Ж
О К Р Ц Т У Ф А М Р Ч Щ Е А Б Х
Л У Ш К О Л А С Р Я И У К М С Х
Ь О Н І К О М А З Є Т К Р Е Е М
С О О І Д Ь Є Ґ Ч Ь С Ж А Т Р У
Т Щ І В В К Е Н Ч Ц М А М Ґ В Є
В Щ Д Ф Т Е Є Х А Р У К Р Ж А Т
О А А Ф Я Н Р А К І Л А Е Х Т Ж
А Р Т А Е Т М С Ґ Щ К Б П В О П
Д Ч С І П Р Ь В И И К І У Т Р С
Ц Г К Г В Т М Ж В Т Ґ Н С Ь І Е
Г О Т Е Л Ь У А Е Ц Е А Д Р Я А
Ч П Ч Х Ч И І Х Ж О Є Т Ь У Х Ф
Н Щ Н Я І Р О Т А Р О Б А Л Р Ш
```

ПОСОЛЬСТВО	ОБСЕРВАТОРІЯ
КВАРТИРА	ШКОЛА
КІНО	САРАЙ
ФЕРМА	СТАДІОН
КАБІНА	СУПЕРМАРКЕТ
ФАБРИКА	НАМЕТ
ГОТЕЛЬ	ТЕАТР
ЗАМОК	ВЕЖА
ЛАБОРАТОРІЯ	УНІВЕРСИТЕТ
МУЗЕЙ	ЛІКАРНЯ

56 - Beroepen #1

```
Ь Б Ф П А Р Щ Р Ж А Х Ш Е Є Г Ю
М Е А М Ґ Т В Е Ц А М Р А Ф Д В
Н Е Ц Н Н Г Ц Д Ш Г Б Ю Ю П О Е
П В Д Ю К Т Н А К И З У М С П Л
Х Ю Д С О І О К Л О С О П И І І
Ф Х Н Е Е Т Р Т І С О П М Х А Р
А Л Р К Ц С В О К А Г С И О Н Ц
Р С Л Д У И Т Р А Н Е О С Л І У
Г Ш Т Х О Р Я Р Р Т О Ґ Л О С Є
О Ш С Р К Ю Л Н А Е Л Щ И Г Т Р
Т Н Г У О Ц У Ь Ч Х О Х В Ж Ч К
Р І Г Й И Н Е Ч В Н Г Ж Е Є Ц С
А Ц М Щ Л А О Ь І І Ь Ґ Ц И Х К
К О П Л Д Т К М Е К І А Ь Ч Ч Г
С П О Р Т С М Е Н А Д В О К А Т
В Е Т Е Р И Н А Р Ж Є Ю Ч Ж И И
```

АДВОКАТ	РЕДАКТОР
ПОСОЛ	ГЕОЛОГ
ФАРМАЦЕВТ	МИСЛИВЕЦЬ
АСТРОНОМ	ЮВЕЛІР
СПОРТСМЕН	САНТЕХНІК
БАНКІР	МУЗИКАНТ
КАРТОГРАФ	ПІАНІСТ
ТАНЦЮРИСТ	ПСИХОЛОГ
ВЕТЕРИНАР	МЕДСЕСТРА
ЛІКАР	ВЧЕНИЙ

57 - Antarctica

```
Ф П Х Щ М В І К И В О Д О Ь Л М
Ь Г К Т С Ь Б Я Й И В О К У А Н
Т Е М П Е Р А Т У Р А С Х К С П
Ц Е З Г С Д Д Т Ш А Т Л Н Ч Е І
Л І Д Б Е К Л К Ю М Х І Д М Р В
Є Я Н О Е О Е Е Е Х У Д П М Е О
Я І Т Г И Р Г Л Ю К Б Н П І Д С
І Ц Ц В Н П Е Р Я Р М И И Н О Т
Ф И Щ Л І М Л Ж А С Ж К Я Е В Р
А Д О В В Р Х И Е Ф Т Л С Р И І
Р Е І Ч Г Я О Ь Я Н І И П А Щ В
Г П І Б Н Ч Т У Б Х Н Я Й Л Е Ф
О С Т Р І В Д В А Б К Я У И Р Б
П К Е О П М І Г Р А Ц І Я В С Д
О Е Л Н А Ю Т Д М Є С Ф П И Ґ Г
Т Н Е Н И Т Н О К Ю Ю Ш Г Ю Т Л
```

БУХТА	СЕРЕДОВИЩЕ
ЗБЕРЕЖЕННЯ	ДОСЛІДНИК
КОНТИНЕНТ	ПІНГВІНИ
ОСТРІВ	СКЕЛЯСТИЙ
ЕКСПЕДИЦІЯ	ПІВОСТРІВ
ГЕОГРАФІЯ	ТЕМПЕРАТУРА
ЛЬОДОВИКІВ	ТОПОГРАФІЯ
ЛІД	ВОДА
МІГРАЦІЯ	НАУКОВИЙ
МІНЕРАЛИ	ХМАРИ

58 - Ballet

```
Ж Є О Б Ш О Ш Б Л Є Ґ Н Е В Р Х
Т А Н Ц Ю Р И С Т І В В І И Е О
А У Д И Т О Р І Я Ч Х Т Х Т П Р
Д М Ш М Д Х Ь Д И Ж І Щ В О Е Е
Й А К Ч И В А Н Ґ Г Ю Р Щ Н Т О
І Н Т Е Н С И В Н І С Т Ь Ч И Г
Н И С К Л М О Ц О Е Р С Т Е Ц Р
Ж Р Е О Р Т Я П Ґ О Ч Е Я Н І А
О Е Ж М О И С З Л Є Г К Ж И Я Ф
Д Л О П Т Р Т Щ И Е Н Р П Й С І
У А И О Е О И У И Б С О Ь У І Я
Х Б Щ З Х Е Л Н Є Ж А К И З У М
Л Ш Е И Н В Ь Ц Б Л Т П И П І І
Г О А Т І В И Р А З Н И Й Ь М У
Ф Д И О К Г А Ф І У Е И П Д К О
Н Ю Ч Р А К И Т К А Р П У И Щ Г
```

ОПЛЕСКИ	ОРКЕСТР
ХУДОЖНІЙ	ПРАКТИКА
БАЛЕРИНА	АУДИТОРІЯ
ХОРЕОГРАФІЯ	РЕПЕТИЦІЯ
КОМПОЗИТОР	РИТМ
ТАНЦЮРИСТІВ	ВИТОНЧЕНИЙ
ВИРАЗНИЙ	М'ЯЗИ
ЖЕСТ	СТИЛЬ
ІНТЕНСИВНІСТЬ	ТЕХНІКА
МУЗИКА	НАВИЧКА

59 - Fruit

```
У  Т  О  А  К  Ц  Б  Х  Ш  Ш  Л  Р  Е  Г  П  Б
І  К  С  Щ  К  У  А  Ш  У  Р  Г  Ц  К  В  К  И
Ч  Я  Р  О  Г  Ж  Н  Ц  П  Є  Ф  Ф  Б  Д  Т  К
Ч  Г  Ш  М  В  Й  А  Ш  І  П  Щ  Ь  Щ  Є  В  Щ
Я  Г  О  Д  А  И  Н  С  В  И  Н  О  Г  Р  А  Д
Й  Т  Д  С  Щ  В  Ш  Ґ  І  Н  С  К  А  У  Ш  Ф
А  С  А  І  У  Е  Б  Н  К  Е  Ч  У  Н  Д  А  Ф
П  Т  К  У  Н  Ж  Ш  О  Я  К  Д  Л  А  Ж  Я  Б
А  К  О  О  Г  Н  А  М  Б  Т  Н  Б  Н  Ж  Щ  Ц
П  У  В  Ю  Є  А  Н  И  Л  А  М  Я  А  К  Ь  У
П  Ч  А  Ч  П  Р  Е  Л  И  Р  Ц  Б  С  М  Ґ  Ф
С  Е  Ж  П  Р  О  М  У  Н  И  А  Т  С  М  Л  М
У  Л  Р  К  О  К  О  С  О  Н  Д  И  Н  Я  Ц  Ч
Ч  У  И  С  О  К  И  Р  Б  А  М  Ґ  В  Ц  Х  Ф
Щ  Р  М  В  И  Ж  Л  Ц  Е  У  О  Ц  Ш  Ч  Г  О
Ф  Ц  Т  Ш  А  К  Я  Ф  Б  Р  Л  Ю  Ф  Ю  Ш  Х
```

АБРИКОС	КІВІ
АНАНАС	КОКОС
ЯБЛУКО	МАНГО
АВОКАДО	ДИНЯ
БАНАН	НЕКТАРИН
ЯГОДА	ОРАНЖЕВИЙ
ЛИМОН	ПАПАЙЯ
ВИНОГРАД	ГРУША
МАЛИНА	ПЕРСИК
ВИШНЯ	СЛИВА

60 - Engineering

```
Р  В  Ж  В  Ш  Ґ  А  Р  У  Т  К  У  Р  Т  С  Д
Л  У  И  В  І  С  Ь  І  С  Я  У  Є  Х  Ф  И  І
Я  Д  Ш  М  Д  Ц  С  Д  И  Я  Т  Я  Л  Х  Л  А
Ж  И  Б  І  І  Ь  Ф  И  Д  В  И  Г  У  Н  А  М
Є  Ф  У  Т  Й  Р  У  Н  И  Б  И  С  Н  С  Н  Е
Д  К  Д  Щ  Е  Щ  Ю  А  Р  Т  Ф  Н  Ч  Т  И  Т
І  О  І  И  У  М  Ж  В  Н  В  Ж  Ь  Н  А  Б  Р
А  Ш  В  О  Ш  Л  Е  А  А  И  Ж  Я  Е  Б  И  Ґ
Г  П  Н  М  К  Т  Х  Х  У  Н  Ш  Б  Є  І  Л  Б
Р  В  И  Ч  М  Ш  Я  Щ  О  Я  Н  А  И  Л  Г  Є
А  О  Ц  Ч  П  П  Ж  О  А  Н  О  Я  М  Ь  Ч  Я
М  М  Т  Е  Н  Е  Р  Г  І  Я  Є  Т  Ф  Н  Ч  Р
А  Р  В  Д  И  З  Е  Л  Ь  Е  К  Р  Ж  І  Ц  У
Ь  К  О  Н  У  Х  А  Р  З  О  Р  Е  І  С  Щ  Х
И  Ц  Х  К  Ґ  Д  П  Ж  Ч  Ц  Г  Т  П  Т  И  Ґ
Є  М  Т  М  О  Б  Е  Р  Т  А  Н  Н  Я  Ь  И  Щ
```

ВІСЬ	СИЛА
РОЗРАХУНОК	МАШИНА
РУХ	ВИМІРЮВАННЯ
БУДІВНИЦТВО	ДВИГУН
ДІАГРАМА	ОБЕРТАННЯ
ДІАМЕТР	СТАБІЛЬНІСТЬ
ГЛИБИНА	СТРУКТУРА
ДИЗЕЛЬ	РІДИНА
ЕНЕРГІЯ	РУШІЙ
КУТ	ТЕРТЯ

61 - Literatuur

```
Б М І Ц Д П Є Ч Я Р О М А Н И Ж
М І Р С М Д О Ю А Н К Ц М Х Ф К
Т Е О Н А І В Е Ф Л Ф Т Е Т Н Р
И Ґ Т Г И Е Я О Т Б Т Є Т Р М Т
Р І В А Р Ж Ц Я Б И Є М Ч И А Р
Ф Д А К Ф А Ч Ґ Ф Я Ч Я Л М Н А
Ж Д Х М Т О Ф Ч І Х А Н Е А А Г
Ш Ю М У А Ш Р І В Г Д Н И Г Л Е
И Т О Д К Е Н А Я Д І Я У Й І Д
Т Щ Р С О Е Ґ К І І В Н Щ Я З І
Х Ф Щ Р В С М Д Г А О В А С Р Я
С Н О У О Д Л А О Л П І К С И Ч
М С Г Є Н Г Т Г Л О О Р К Б Д Е
Х Ф Є І С Ф П И А Г І О Я П Я М
Т Л І С И С Щ В Н Д Т П Ч Ь Д Ю
Ь О Ж Р В Х И С А С Т И Л Ь Щ Ф
```

АНАЛОГІЯ	МЕТАФОРА
АНАЛІЗ	ПОЕТИЧНИЙ
АНЕКДОТ	РИМА
АВТОР	РИТМ
БІОГРАФІЯ	РОМАН
ВИСНОВОК	СТИЛЬ
ДІАЛОГ	ТЕМА
ВИГАДКА	ТРАГЕДІЯ
ВІРШ	ПОРІВНЯННЯ
ДУМКА	ОПОВІДАЧ

62 - Boeken

```
Т Р А Г І Ч Н И Й Р Г Ч С С А О
Ж Ь К І П Е Ю Р У Ь У Ц Т А А С
Л Ц Ф Н Я Л Ж М В Т М Щ О К Е Ф
Ж С Ц Д Т Щ С А Ю С О Н Р О Х Ц
Р І В І Я Я Ґ Є С І Р А І Л Е Ч
П Р Щ В І Р Н Р Н Н И П Н Е Р Ч
І С Т О Р И Ч Н И Й С И К К О И
І Ї Е П О П Е Е Щ І Т С А Ц М Т
Ж Ч Ш Д Т Б М П Ь В И А К І А А
А Ф А І С А В Ц І Д Ч Н О Я Н Ч
Д В Ю В І Я О І У О Н А Н Ш А Л
О Ґ Т Л Ґ І Л М Р П И Л Т Щ М Щ
Г Ф М О Ч З Ю Н Ь Ш Й Ф Е Ґ Ш Ф
И Р К У Р Е Т К А Р А Х К Х Л У
Р Ч К М У О Е У Ц Щ Я Я С С Ґ Ю
П А И О Д П Р П Р Ш У М Т Є Щ В
```

АВТОР	ІСТОРИЧНИЙ
ПРИГОДА	ГУМОРИСТИЧНИЙ
СТОРІНКА	ХАРАКТЕР
КОЛЕКЦІЯ	ЧИТАЧ
КОНТЕКСТ	ПОЕЗІЯ
ПОДВІЙНІСТЬ	ВІДПОВІДНІ
ЕПОПЕЇ	РОМАН
ВІРШ	ТРАГІЧНИЙ
НАПИСАНА	ІСТОРІЯ

63 - Meer Informatie

```
О У Щ С Т Н О В Ґ Ц Є Щ П О В Щ
Л В Г Я Н А Ч Ж И У Ь Ю Л Т Й Ч
Т Щ Х Я К Н Л Н Г Б П П А П И Р
Я У Ч Е А Ш Ь Я И Ю У Є Н Є Н Т
А Ґ Б Д Ш Ю Д Ф Н А Д Х Е М Ч Е
П Я І П О Т У Д К В Ч В Т Р И Х
Р І І И Ь А К И Т К А Л А Г Т Н
О З Ю П Н С В І Т У Т І В Л С О
Б Ю Ф Д О Н І К Б Т Р Ь Я И Л
О Л Е Д Г Т П Я У Н Г Р П О Р О
Т І Б Є О Р У У Е Ф В В Д Р У Г
И У И Ґ В С Й И Ч И Н М Є А Т І
Й И Н Ч И Т С А Т Н А Ф Ш К У Я
Р М У Я В Н И Й И Н О Л К У Ф А
С Ц Е Н А Р І Й Т Ш А Ь Ф Л Е Ж
Р Е А Л І С Т И Ч Н И Й Х К І Ґ
```

КІНО	ТАЄМНИЧИЙ
КНИГИ	ОРАКУЛ
ВОГОНЬ	ПЛАНЕТА
УЯВНИЙ	РЕАЛІСТИЧНИЙ
АНТИУТОПІЯ	РОБОТИ
ВИБУХ	СЦЕНАРІЙ
ФАНТАСТИЧНИЙ	ГАЛАКТИКА
ФУТУРИСТИЧНИЙ	ТЕХНОЛОГІЯ
ІЛЮЗІЯ	УТОПІЯ
КЛОНИ	СВІТ

64 - Regenwoud

```
С А Д А М О Р Г Ц Я У Б В Г П З
Я Г П И У Ґ Х Є О Ш Б Х Ю Ш Я Б
Л А Ш Р К О М А Х О М Ч К Б Ф Е
К В Н А И Я І Ц А Р В А Т С Е Р
І О Г Д Ю Т Т Т Н Ч И Ч Д Т Ш Е
Ь П Р Є Т У У Ц Л Є Д Д Ю Я С Ж
Л Т Я І Х Й А Л К Р Ґ Ж С Є Д Е
Л А Ш С Н И Б М О В Г Ж І Д У Н
Г Х П Ґ Ф Н И И Ф К Х М А Р И Н
Я Ш К Р Д Н І Ш Д І Є Ц Ь К П Я
Б О Т А Н І Ч Н И Й Б Ь М Л Р Ц
Я Ч Ь І Ф Ц Л Ч В И А І Є І И Р
Д Ж У Н Г Л І Ц В А С С Ї М Р Ц
В И Ж И В А Н Н Я Ь Ґ У П А О Ч
У Л І У Є Є Н Щ Р Д Г Ю У Т Д Р
А І М Ґ С Б П О Ж Щ Д І Н Т А Ю
```

АМФІБІЇ	ВИЖИВАННЯ
ЗБЕРЕЖЕННЯ	ПОВАГА
БОТАНІЧНИЙ	РЕСТАВРАЦІЯ
ГРОМАДА	ВИД
КОРІННІ	ПРИТУЛОК
КОМАХ	ПТАХ
ДЖУНГЛІ	ЦІННИЙ
КЛІМАТ	ХМАРИ
МОХ	ССАВЦІ
ПРИРОДА	

65 - Haartypes

```
Ш  С  Ш  Н  А  Б  Я  Ь  Ф  С  Е  Ж  Ч  Я  О  Е
У  Р  И  Р  Р  М  Р  Г  Я  Д  У  О  Ц  В  П  Ю
Ь  І  А  Ш  Ч  Ґ  Е  Щ  Т  В  Я  Х  Г  Ґ  Х  Б
І  Б  К  О  Р  И  Ч  Н  Е  В  И  Й  И  Я  В  І
Б  Л  І  Д  Г  Ґ  У  Х  В  М  Н  И  Б  Й  И  Л
Ю  О  Г  Л  А  Д  К  И  Й  Ш  Т  В  Л  И  Л  И
А  Ґ  О  У  Ш  Я  В  Ч  И  С  О  Я  О  Ч  Я  Й
Е  Д  Е  В  І  К  Х  Л  В  П  Н  Р  Н  У  С  В
Л  И  С  И  Й  О  О  Б  О  А  К  Е  Д  К  Т  П
К  Х  Д  Ґ  Н  И  Ч  Р  Р  Й  И  Ч  И  С  И  У
П  Л  Е  Т  Е  Н  И  Й  О  И  Й  У  Н  И  Й  Д
Г  М  Щ  Ю  Ґ  М  Ґ  И  Д  Т  М  К  Ц  Л  И  О
Ґ  Д  Я  Е  Н  Х  Ф  Р  З  С  К  Б  Ю  Б  Н  В
М  П  Ь  К  У  К  Ш  І  Б  В  Н  И  С  Я  Р  Г
У  Ф  Ш  Ш  И  Ж  Л  С  Ґ  О  А  Ж  Й  І  О  И
Б  Ш  Ш  Х  Ф  Й  Х  Ш  Б  Т  Т  Е  Ц  Ц  Ч  Й
```

БЛОНДИН	СІРИЙ
КОРИЧНЕВИЙ	ЛИСИЙ
ТОВСТИЙ	КОРОТКИЙ
СУХИЙ	КУЧЕР
ТОНКИЙ	КУЧЕРЯВИЙ
ПЛЕТЕНИЙ	ДОВГИЙ
ЗДОРОВИЙ	БІЛИЙ
ГЛАДКИЙ	М'ЯКИЙ
БЛИСКУЧИЙ	СРІБЛО
ХВИЛЯСТИЙ	ЧОРНИЙ

66 - Stad

```
Г О Т Е Л Ь Р А К И И Ю Б Д А У
С Д И І Ф Н И Д Р Т Ю Ю І А Е Н
П О Р А Щ Я Н Р А К Е П Б А Р І
А К Р А П О О З Р У О Ю Л С О В
Р І Ґ Е Х Т К А Ь Ч Ц Т І У П Е
Щ К Щ Н Б Й Е З У М Б К О П О Р
Г Б Ж Ж М Ж Х К Р Т А Е Т Е Р С
Р Е С Т О Р А Н А Ц Н Г Е Р Т И
Ґ Ф Н Н Ц Ч Я О Я І К А К М П Т
Р Б Л Ц Я Р М І И К Г Л А А С Е
А И Л О Ш К П Д Н Я Ж Е Ч Р Ю Т
Г Б С А Р М В А К В Ґ Р Р К Ь Є
Є А Б Я С И Щ Т С К М Е Б Е Є В
М Щ Ж А Ж Ь С С В І Ґ Я С Т С В
К Л І Н І К А Т І Н И З А Г А М
Ш К О Л А Ґ К Б Л О У Т В Р Ф Е
```

АПТЕКА	АЕРОПОРТ
ПЕКАРНЯ	РИНОК
БАНК	МУЗЕЙ
БІБЛІОТЕКА	РЕСТОРАН
КІНО	ШКОЛА
ФЛОРИСТ	СТАДІОН
ЗООПАРК	СУПЕРМАРКЕТ
ГАЛЕРЕЯ	ТЕАТР
ГОТЕЛЬ	УНІВЕРСИТЕТ
КЛІНІКА	МАГАЗИН

67 - Creativiteit

```
О Ц Щ Ї Ш Я Н Н Е Ж А Р В Н І Д
Ь В Я І Ч Б Д А М Ю Г В Т А Н Ґ
Ш Щ Є Ц Т Ь Я Т Т У Ч Д І В Т П
И И Щ О П Ю К Ю Щ Х В К Е И У Г
И О Я М І Я Ц Т Щ Ж Н Ю Ч Ч Ї Е
Я Н Н Е Ж А Р Б О З Ґ Е Ш К Ц І
Ц С Б А Ч Е Н Н Я Р Е А Н А І Д
Щ Ж Н Д Р А М А Т И Ч Н І Н Я Е
В Р Й І Н Ж О Д У Х Л П Ь І Я Ї
Ю И Ь Т С І Н Ч И Т Н Е Т В А Ж
Ч Я Р В М Т С П О Н Т А Н Н И Й
І Г Д А Л О Ь Ж В Х Ґ Н А Ч У
В П І Ю З К О Н Е Г Щ Г С Щ Ґ М
О Р Ж Т П Ю Ж Ґ П О Ч У Т Т Я Б
У Я В А Ж И П Л И Н Н І С Т Ь Ш
І Н Т Е Н С И В Н І С Т Ь О И Ж
```

ХУДОЖНІЙ	НАТХНЕННЯ
ЗОБРАЖЕННЯ	ІНТЕНСИВНІСТЬ
ДРАМАТИЧНІ	ІНТУЇЦІЯ
АВТЕНТИЧНІСТЬ	СПОНТАННИЙ
ЕМОЦІЇ	ВИРАЗ
ВІДЧУТТЯ	НАВИЧКА
ПОЧУТТЯ	УЯВА
ЯСНІСТЬ	БАЧЕННЯ
ІДЕЇ	ПЛИННІСТЬ
ВРАЖЕННЯ	

68 - Natuur

```
А В Т Т Щ Ь Ч Ш Х Т Н І Ґ Є Ч Ґ
М Є Р Л И С Т Я П В И Ь Л Б И У
В Х О Ю Б Е В Ф П А С А Р К І Д
Ц Л П К Е Ж Г Г И Р А М Х Ч С М
Є Ц І Л Е К С Е Щ И Л И Т Я В С
Н Р Ч Л Ц Д О Й И Н Ч И Т К Р А
Е Р Н Л Ь Е Е Л В І Щ Р Щ Б Я П
Т М И І С О П Ш У Є Є О К Ж І О
Р Л Й С Ц Л Д Ю К Т П Г Н Ф Ь Ш
Я І З О Р Е Е О І Й И К И Д К М
Л Ж Ч Е І У П А В Н М Р У Ф Д Ь
Е Д Р К Д Ґ Т Б К И Ь В П Ґ У Щ
Т Б С Н А М У Т Б М К Ш Ю Ь Р Г
С Я С Б Е З Т У Р Б О Т Н И Й І
У Д И Н А М І Ч Н И Й Х І О С Ц
П Ч Ш Ш Ж У Я Б Х М Н И Б Г Ь П
```

АРКТИЧНИЙ	СКЕЛІ
ГОРИ	ТУМАН
БДЖІЛ	РІЧКА
ЛІС	КРАСА
ТВАРИН	ПРИТУЛОК
ДИНАМІЧНИЙ	БЕЗТУРБОТНИЙ
ЕРОЗІЯ	ТРОПІЧНИЙ
ЛИСТЯ	ДИКИЙ
ЛЬОДОВИК	ПУСТЕЛЯ
СВЯТИЛИЩЕ	ХМАРИ

69 - Zoogdieren

```
Ь І Х Х Щ С Н П Ь П К М Ч А Я У
Л П У К Ж Ц С Ж К К Е А Х І Ф І
Е И Н Ґ І Ю Ю Т И К О В И Д Ю Ч
В Д Х Д К Ш Т Т У Р Ж П Х Л Е Щ
И М Г Р Я Х К Ж Ю Л А А Ґ Ч Н В
Н В С Н О И Н А Є Е І Ф Ґ И У О
І Я А Є І Д Б Ґ Н С Л О Н В У В
О О Ц В Е Е Ц У Т О Й О К Ь Ґ К
Г О Р И Л А Х Н Б И К Ш Х В Д Я
Л Е Е В С К Р О Л И К Н Т Ґ Д В
П Щ Б Н Е И Ч Х Н Д О Ц Р Д О Ц
К Т О Ш П С Л В Е Р Б Л Ю Д Ж Ґ
Ш Ц Б К Д Е Л Ь Ф І Н К О З А П
В Т Д І К Е Н Г У Р У Є А В И А
А В О Н Ґ Щ М М Ж К Ч Ч Б Ь П О
Г И Ч Ь Я Ґ Ґ М Д Е Ь Д К Є Ч Щ
```

МАВПА	КЕНГУРУ
БОБЕР	КІШКА
КОЙОТ	КРОЛИК
ДЕЛЬФІН	ЛЕВ
ОСЕЛ	СЛОН
КОЗА	КІНЬ
ЖИРАФ	БИК
ГОРИЛА	ЛИСИЦЯ
ПЕС	КИТ
ВЕРБЛЮД	ВОВК

70 - Overheid

```
О И Л З Н М Ж Н П П Ч Р Е Д І Л
У Х Д Г А Д О Б О В С І Щ Е Ґ Н
Щ І Ь Р К К Я Н Н Е Л В О М Л А
Т Ж Е Р И И О Я О П Г Н Е О Н Ц
Я Ф Х Ь Т Н Щ Н Й Д Р І К К А І
Щ И Ш И І Т С Н А С О С О Р Ц О
С Б С А Л Я Ц Е Р П М Т Н А І Н
Н У Г Е О М Ґ Р М В А Ь С Т Я А
Ж Щ Д И П А Ж О И Н Д Ц Т І М Л
В Ч Ю О Ґ П Б В Р Я Я Б И Я Ц Ь
С Ш Ф Х В І Ж О Н Т Н Г Т У Х Н
И И С В У О А Г О Л С І У І М И
Р Є М Ж О Я Ї Б Ч С Т Г Ц Н Д Й
У А С В Д Ь Ж О Ґ Т В У І Г И Т
Я П А Т О Ш Е Ґ Ж А О В Я Ь Ш Ш
П Р А В А Л Є Й И Н Ь Л І В И Ц
```

ГРОМАДЯНСТВО	НАЦІОНАЛЬНИЙ
ЦИВІЛЬНИЙ	ПОЛІТИКА
ДЕМОКРАТІЯ	ПРАВА
ОБГОВОРЕННЯ	МИРНО
РІВНІСТЬ	СТАН
СУДОВОЇ	СИМВОЛ
КОНСТИТУЦІЯ	МОВЛЕННЯ
ЛІДЕР	СВОБОДА
ПАМ'ЯТНИК	ЗАКОН
НАЦІЯ	РАЙОН

71 - Voertuigen

```
Я Щ В К Ґ Р У В Є Ш Е П О Р О М
Д В И Г У Н К О Е Ф И Д Ф П Ь Т
Є Ф У О Ш О Г Ш Н Р И Н П О П Р
Ю И Р С Я Г Є У Л Є Т Р И Ї Ю С
И П Е Ґ Ґ Р И А Л Г Г О А З А Б
Ч Х В Т Р У У Б Я К Ь Ф Л Д Х Г
Ш Л І Д М Ф А К И Н В О Ч І І А
Д Е П И С О Л Е В Е І Е Н Л Т Ш
С Ь Л І Б О М О Т В А Т А К С І
Д Є І Т Т Д Е Я Щ О Т М В Л О К
І Я Т Ж Р Р У Н Л Ч Е Е А І К С
С К У Т Е Р А И Ь И К Т Р Т Х М
А В Т О Б У С К Я П А Р А А Я Д
Р Я Ф И И И Т У Т В Р О К К Ч К
Х У Ж Ф Г Я Щ Ь Ж О Ф Х П Ю Я И
В А Н Т А Ж І В К А Р И В Ь И Н
```

АВТОМОБІЛЬ	РАКЕТА
ШИНИ	СКУТЕР
ФУРГОН	ЧОВНИК
ЧОВЕН	ТАКСІ
АВТОБУС	ТРАКТОР
КАРАВАН	ПОЇЗД
ВЕЛОСИПЕД	ПОРОМ
ВЕРТОЛІТ	ЛІТАК
МЕТРО	ПЛІТ
ДВИГУН	ВАНТАЖІВКА

72 - Geografie

```
Ц К Щ Г Ц М Щ Т К Р Ф У М Ц Н Н
Я Р Н М Щ М И Н О І Г Е Р У Б Ж
Д А О Е Ґ Ц Г М Н И О Ґ Ш Г Т С
В Ї Т Д Щ Л Т І Т К А К Г Н О В
Х Н Я Ґ Д И Ч С И П К Ч Е Є Х І
Є А І П Є Д Ґ Т Н У І І С А Ю Т
В Я К А Р Т А О Е Щ З В Ц Х Н Ь
Г Х Я Р Т С Н Ш Н Г Ф А К Т Ґ Ц
Х Ю Ш О Х А П Ю Т М С О Х У І Я
К И Р Г Н Р Щ Ч О О В Ю Л І Л Р
Р І Ч К А Ь П І С Р И П Р Ю Д Я
М Е Р И Д І А Н Т Е С Ш В Ю М Щ
П І В Д Е Н Ь В Р Л О Ф Ґ С Н А
Е К В А Т О Р І І І Т А Т Л А С
Ф О Б Ф О Ц М П В Ф А Ч Ш Ю Д Т
Ш И Р О Т А Р І Л Ц М А М Т Л Ф
```

АТЛАС	МЕРИДІАН
ГОРА	ПІВНІЧ
ШИРОТА	ОКЕАН
КОНТИНЕНТ	РЕГІОН
ОСТРІВ	РІЧКА
ЕКВАТОР	МІСТО
ПІВКУЛЯ	СВІТ
ВИСОТА	ЗАХІД
КАРТА	МОРЕ
КРАЇНА	ПІВДЕНЬ

73 - Kunstbenodigdheden

```
О Ш Р И Б Р А Ф Т А Б Л И Ц Я П
Л І Л Е Р А В К А Н И Л Г Д Я А
І Д І Е Г О Л С І Р К В О Д А П
Я Е У Й У Ґ Ь Т С І Ч Р О В Т І
Ь Ї Ш И М Й Е Л К Ж П Ч Ґ Л О Р
В О К В К Н І І О К А М Е Р А У
Ч Ч Ч О А Ц И П Л К Ь В Ю Д Д Х
Щ П Ч Л Щ П Ю Б Ю Ш Ш И Ґ І Ш
К І Ш И Т Щ Г В У С К Т Ч Ь О І
Ц Ц Т Р Е Б Ь Л О М С В Ч Щ К С
Х В В К П А С Т Е Л І М Ф Е Р Ґ
Ь І Л А А Т И Ц У Ч И А Г Ф Б П
Л Л Н И У Ь С Л И С Р Н І Ю Д Ю
Р О Р Д Є Ь Л Н Ю І Ь Ґ Р К В Є
Т І Ч Х С Б Ь І Е Є Н Б Н О Є Ю
У Я Ц Ц Ю К М Р А О А Н П Л Ч П
```

АКРИЛОВИЙ	КОЛЬОРИ
АКВАРЕЛІ	КЛЕЙ
ЩІТКА	ОЛІЯ
КАМЕРА	ПАПІР
ТВОРЧІСТЬ	ПАСТЕЛІ
МОЛЬБЕРТ	ОЛІВЦІ
ГУМКА	КРІСЛО
ІДЕЇ	ТАБЛИЦЯ
ЧОРНИЛО	ФАРБИ
ГЛИНА	ВОДА

74 - Barbecues

```
И Я Ч С Ш Д Щ Н Ю П Б П Ж Б Т Є
Ч Ш Ь А Б Е С М Ш Г П Е С К С Ь
Ц М К К Ю Г Е И Е Ч Я Р А Г І В
Д Х У Ш П Х Р Ж А М К Е Д Ю Л Ж
Є Д С Щ О Ь Ц И Ш Е У Ц Ь Ь Ф
Л І Т О М К О Т Л Ч Р Ь Ш Д Т Д
Е Б Ч Щ І М В А Ь Ь К Ш К Ф Є З
А М Ж Е Д Г О Л О Е А П Ь Е П А
Л Ф А С О Я Ч А Ґ Х Н Ц С И Є П
Ґ Т К У Р Ф І С Ч О И К Л И В Р
Р Д И О И Г Ж Щ Є И Д Х И Ш П О
Б С З С Ґ Ч О Б І Д О Л О Г Ч Ш
П Ш У А К Ж Н Щ О Н Р Ч Ю Ґ Ц Е
В Р М У Ж Є В Ц И Б У Л Я У Г Н
Е Ґ Ш П В Е Ч Е Р Я Ч К Ю У Ю Н
Н Х Д Д У Х Ж Г У Є Ш Х Ч О Н Я
```

ВЕЧЕРЯ	МУЗИКА
РОДИНА	ПЕРЕЦЬ
ФРУКТ	САЛАТИ
ГРИЛЬ	СОУС
ОВОЧІ	ПОМІДОРИ
ГАРЯЧЕ	ЦИБУЛЯ
ГОЛОД	ЗАПРОШЕННЯ
КУРКА	ВИЛКИ
ОБІД	ЛІТО
НОЖІ	СІЛЬ

75 - Schoonheid

```
Ф О Т О Г Е Н І Ч Н И Й С О Е Г
Л В Л И Є Т Ґ Є Р У Ж Л Є Я Л Б
І Т Ь Т Т С Ю О Л В Щ Д Е Х Е Х
Ю С И И І Ж О Л І Ч С В Б И Г Е
М Ц Г Е Л Е Г А Н Т Н И Й С А Д
К О С М Е Т И К А Д А М О П Н Ц
П І П Ґ Щ П Н Р П Р И Р О Є Т Щ
С О Л Я Ш Ц М Е Ж Я І К А М Н Ш
Т Б С Х Ь Н Ґ З Д Г Є К О В І А
И Ш Г Л Н Ф Ь Д Ц Ч К Е Ш Ф С Р
Л К П С У Б Л А Г О Д А Т Ь Т М
І У К Б П Г Н О Ж И Ц І А Ь Ж
С Ч О Ц М Й И К Д А Л Г М Я Б С
Т Е Л Е А У Р И Т К У Д О Р П А
О Р І Х Ш У Т Ь Ч М Х И Р І Щ Я
М У Р Ц Щ Ю Е Я Л Ш Ч К А К К Ф
```

ШАРМ	КОЛІР
КОСМЕТИКА	КУЧЕР
ПОСЛУГИ	ПОМАДА
ЕЛЕГАНТНИЙ	ТУШ
ЕЛЕГАНТНІСТЬ	ПРОДУКТИ
ФОТОГЕНІЧНИЙ	НОЖИЦІ
БЛАГОДАТЬ	ШАМПУНЬ
АРОМАТ	ДЗЕРКАЛО
ГЛАДКИЙ	СТИЛІСТ
ШКІРА	МАКІЯЖ

76 - Wetenschappelijke Discip

```
І М У Н О Л О Г І Я Я И Ж Ь Я Б
Х А Р Ч У В А Н Н Я І В У І М И
У М У Ч С Ш И Є Ж В Г Г К Б В И
Д М Р Е В О Ж Ш Щ А О Х Я Б Я Щ
Щ І І К О Е Я І Г О Л О І З І Ф
Р Е Т Е Д С Я У К А А М М Е Г Н
С О Ц І О Л О Г І Я Р К О К О Е
М Е Х А Н І К А Е Ц Е Ц Т О Л В
И Я Б О Т А Н І К А Н Е А Л О Р
К І П С И Х О Л О Г І Я Н О Р О
Ю Г Ш Щ В Ф М П Я М Л А Г О Л
Р О Б О Т О Т Е Х Н І К А І Е О
Б Л Б І О Л О Г І Я Щ М Ч Я Т Г
Б О Б І О Х І М І Я Ь Ш І Т Е І
С Е А С Т Р О Н О М І Я С Х М Я
Ф Г А Р Х Е О Л О Г І Я Д Г Я Б
```

АНАТОМІЯ	МЕХАНІКА
АРХЕОЛОГІЯ	МЕТЕОРОЛОГІЯ
АСТРОНОМІЯ	МІНЕРАЛОГІЯ
БІОХІМІЯ	НЕВРОЛОГІЯ
БІОЛОГІЯ	БОТАНІКА
ХІМІЯ	ПСИХОЛОГІЯ
ЕКОЛОГІЯ	РОБОТОТЕХНІКА
ФІЗІОЛОГІЯ	СОЦІОЛОГІЯ
ГЕОЛОГІЯ	ХАРЧУВАННЯ
ІМУНОЛОГІЯ	

77 - Bijvoeglijke Naamwoorden

```
С О Л О Н И Й И Т С И Ч Г О С Н
Є Х Ю Т Г К Р Ч Я Н Ф К О Б О О
П Р О Д У К Т И В Н И Й Р А Н Р
Я Ь У Ґ Ц З Е К И О Х И Д Х Н М
Г К Ф И П Р Д О Ю Д Ґ Ч И С И А
Н О В И Й Щ Ґ О Ю І Ґ Р Й И Й Л
І Н Ч И Т А М А Р Д М О Б Л Х Ь
И Ь І Н Я С В И М О Т В Є Ь Я Н
Г О Л О Д Н И Й Є Д В Т П Н Л И
С П Р А В Ж Н І М Ч М И П И Т Й
О Б Д А Р О В А Н И Й Ж Й Й П Д
Ґ В К У У Н Ц И А Й И В А К І Ц
Ь Ь Ґ Щ И Ґ Ш У І У К Ч С П У В
М Я А Є Ш О У Л М Д И Ґ Ш Е Л Х
Ґ И В Г Щ П Р И Р О Д Н И Й Ю Д
С В І Ж И Й И В О С И П О Р Б Х
```

СПРАВЖНІМ	НОВИЙ
ОБДАРОВАНИЙ	НОРМАЛЬНИЙ
ОПИСОВИЙ	ПРОДУКТИВНИЙ
ТВОРЧИЙ	СОННИЙ
ДРАМАТИЧНІ	СИЛЬНИЙ
ЗДОРОВИЙ	ГОРДИЙ
ГОЛОДНИЙ	СВІЖИЙ
ЦІКАВИЙ	ДИКИЙ
ВТОМИВСЯ	СОЛОНИЙ
ПРИРОДНИЙ	ЧИСТИЙ

78 - Kleding

```
Б І М Ц П Ш Ь Ю Д Ь О В С Я У Ж
М Л О О Р І Ф Ф А Р Т У Х Ф Ю С
Є А У І Д Ю Р У К А В И Ч К И П
Щ Д С З Я А А Ш Л К Ф Н О О Я І
Ф Н Ч Х К Є Ш К Л Т Г А Щ У Ф Д
П А Е Т Н А Б А М Р Р Т Е В С Н
М С Д Л Ь К Я Р Р У І Ш О Е Л И
Н Ю Г Р І Ч О П С К Х И Ґ Б Г Ц
К А Х Ґ С О С Е Ц М Ю Ґ М Б Ч Я
Б М М М Ж Р Ю Т П А Л Ь Т О Л Т
Ш А А И И О О К Ю С Е И Е Ф М Т
Ґ Ж А В С С Ь И Ь Ф П Т Л О Н А
Я І А І Я Т Т У З В А Ж С Є И Л
Л П І Т У К О Н І Б К Е А Ц И П
І Г Щ Ш І Е Н Х Т Д Ш Ч Р Н Ч Б
Щ Н Ч Т І Ф И П О Я С Ґ Б Ц Ш Щ
```

БРАСЛЕТ	ПІЖАМА
БЛУЗКА	ПОЯС
ШТАНИ	СПІДНИЦЯ
РУКАВИЧКИ	САНДАЛІ
КАПЕЛЮХ	ВЗУТТЯ
ПАЛЬТО	ФАРТУХ
КУРТКА	СОРОЧКА
ПЛАТТЯ	ШАРФ
НАМИСТО	ШКАРПЕТКИ
МОДА	СВЕТР

79 - Vliegtuigen

```
Ч Б Є С І Ш М Ь И Ґ О А Ч Ч Ь П
Н Ю Ю Ь Ґ С Е К І Д В И Г У Н О
Ю Ж С Б Г Ь Т П Ж У Ж Г И Щ К С
Д И З А Й Н Р О Я Р К Ш Ю Р И А
Ц Д Т О Б Е Н В Р В И С О Т А Д
Ґ Р Е Н П Д Щ И Т І Х М Ц Ш Л К
П Ф Х Д И О Д Л І М Я Р П А Н А
Я Є Ф В К В Ю А В І Е Т Х Ж У К
А Р К Т Ж Ю Г П О П И К С У П С
П А С А Ж И Р Ю П І Є А І Ю Т І
Г І У М П У Р Б Ц Л О Д Р П Т О
Ч В П Ж Т К Є А Д О Г О П Н А А
Ц С А Р Е Ф С О М Т А Г И Ж І Ж
Р С З О Т Б У Д І В Н И Ц Т В О
Л Л Т Ч Ж М Б Є М М Ч Р К М Л Х
С Х Р С Х Е А Ґ И Ф Ц П Н Ц А Е
```

СПУСК	ПОСАДКА
АТМОСФЕРА	ПОВІТРЯ
ПРИГОДА	ДВИГУН
ЕКІПАЖ	ДИЗАЙН
БУДІВНИЦТВО	ПАСАЖИР
ПАЛИВО	ПІЛОТ
ІСТОРІЯ	ГВИНТИ
НЕБО	НАПРЯМ
ВИСОТА	ВОДЕНЬ
ЗАПУСК	ПОГОДА

80 - Herbalisme

```
М У І Є Ь Ш Ч Б І Ч К С С У У Ь
І А К Ш У Р Т Е П А Д Н А В А Л
Ф К Й И П Ш Ю О Є С С А Д Ш І И
Л Т Ц О М В И Б Ч Н І А Ф У Н С
П І Р К Р Ю С Н Е И Н Н Д Д Г А
М В О Т Д А Ш К Б К Р Г І Ґ Р В
Н К М Р Ф Б Н А Р Ф А Ш М Щ Е К
И Х І Р Е Ь Л Е Х Н Е Ф Е Д М
Р Ч В М Н Г І А Ц Ф І Г Ґ С І Щ
А Х Б П П В А Г Ь М Л Є И Т Є С
М Р Т І Ц Д Х Н Щ С У И А Р Н Ж
З У О Ф Щ Ч Н П О Ґ К Я Ґ А Т Н
О А Д М Я К І С Т Ь Я Д Ц Г Н С
Р Щ К Ж А З Е Л Е Н И Й А О Ь Ж
Й И Н Ч И Т А М О Р А Д Я Н Ю Л
Е Е Я Т Т Є Я Т І О И Н К Г К Щ
```

АРОМАТИЧНИЙ	ЛАВАНДА
ВАСИЛЬ	МАЙОРАН
КВІТКА	ОРЕГАНО
КУЛІНАРНІ	ПЕТРУШКА
КРІП	РОЗМАРИН
ЕСТРАГОН	ШАФРАН
ЗЕЛЕНИЙ	АРОМАТ
ІНГРЕДІЄНТ	ЧЕБРЕЦЬ
ЧАСНИК	САД
ЯКІСТЬ	ФЕНХЕЛЬ

81 - Kracht en Zwaartekracht

```
В Ц Т В В Е Н Д Ь В Ч Е А Н П Р
І Е И А Л Р Е И И І М Н Ц Л Ґ Т
Д Н С Г А У Я Н Н Е Р И Ш З О Р
С Т К А С Н Т А К І Н А Х Е М Ц
Т Р У Ф Т І Т М Н Ж Ч Я О У Л Е
А Т Х У И В И І Р И А Д Ґ И Р И
Н Е Б М В Е Р Ч А У С С О Л Л Х
Ь С І В О Р К Н Р О Р К Л М О О
В П Ґ Ф С С Д И О Р Б І Т А У У
П П Х Ь Т А І Й Б У Х Ґ І П В Щ
П Ф Л П І Л В М А Г Н Е Т И З М
Є Л Д И Ґ Ь И И Ю Ґ Ф І З И К А
Ю В А Ш В Н Ш В И Д К І С Т Ь Ф
И О Л Н Щ И П Б И Ф Б Ж Ґ В Б В
Є Т Л Ч Е Й Я Щ А Ц Ю Р Б В Х Г
Д Ю Ґ У Я Т Р Е Т Н М Д Л Ю Д В
```

ВІДСТАНЬ	МАГНЕТИЗМ
ВІСЬ	МЕХАНІКА
ОРБІТА	ФІЗИКА
РУХ	ВІДКРИТТЯ
ЦЕНТР	ПЛАНЕТ
ТИСК	ШВИДКІСТЬ
ДИНАМІЧНИЙ	ЧАС
ВЛАСТИВОСТІ	РОЗШИРЕННЯ
ВАГА	УНІВЕРСАЛЬНИЙ
ВПЛИВ	ТЕРТЯ

82 - Het Bedrijf

```
О  Д  И  Н  И  Ц  Ь  М  В  Ф  Р  Г  Ь  О  Ю  Р
У  К  І  Є  Е  К  Ч  Ч  Б  Ц  Я  І  Т  Х  Т  И
Ч  И  Ц  М  О  Б  И  Ш  Н  К  Ч  Ь  С  Й  В  З
П  Р  О  М  И  С  Л  О  В  О  С  Т  І  И  О  И
М  П  В  Ж  О  В  Б  Ї  Ж  Ф  Ш  С  Т  Н  Р  К
О  Р  А  А  С  Щ  І  І  П  Б  Х  І  Я  Й  Ч  И
Ж  Е  Д  Я  Х  У  З  Ц  К  І  А  К  Н  І  И  Р
Л  З  П  І  Х  Д  Н  И  Ь  П  Д  Я  Й  С  Й  І
И  Е  Р  Ц  Х  Х  Е  Т  Ф  Ь  Р  Р  А  Е  Ч  Ш
В  Н  О  А  Х  О  С  С  Я  Я  И  О  З  Ф  Ґ  Е
І  Т  Д  Т  Е  Н  Д  Е  Н  Ц  І  Ї  Г  О  С  Н
С  А  У  У  К  Р  В  В  Ь  Щ  Ф  Х  Б  Р  Б  Н
Т  Ц  К  П  В  Ж  Н  Н  Щ  Ц  Ф  Ж  Т  П  Е  Я
Ь  І  Т  Е  О  У  Р  І  Ч  А  Х  Ю  Х  У  М  С
Х  Я  О  Р  І  Н  Н  О  В  А  Ц  І  Й  Н  И  Й
Г  Л  О  Б  А  Л  Ь  Н  И  Й  П  Ь  Г  П  М  И
```

РІШЕННЯ
ТВОРЧИЙ
ОДИНИЦЬ
ГЛОБАЛЬНИЙ
ПРОМИСЛОВОСТІ
ДОХІД
ІННОВАЦІЙНИЙ
ІНВЕСТИЦІЇ
ЯКІСТЬ
МОЖЛИВІСТЬ

ПРЕЗЕНТАЦІЯ
ПРОДУКТ
ПРОФЕСІЙНИЙ
РЕПУТАЦІЯ
РИЗИКИ
ТЕНДЕНЦІЇ
ПРОГРЕС
ЗАЙНЯТІСТЬ
БІЗНЕС

83 - Rijden

```
Г Є І Р Л Л Є Ц Г Е Ґ П И В І Р
Г Ч Ш Щ Ґ Е Ь Л Е Н У Т Є Ь Ж І
Н Е Б Е З П Е К А О Ф Ю Р Л Ь В
Т Ф У А Ж Г В И Т А В А Р І Я А
Б Р Я Ю А А У Ц Р М М Я Б Б Л Н
А Е А Г И Р Л О А Ь О Х У О І Т
Є Г З Ф У А И Т К Л Т Л В М Ц А
Н О Р П І Ж Ц О Д А О О В О Е Ж
Г А З Я Е К Я М Д Г Р Н Г Т Н І
А М Н Я К К П Д О Р О Г А В З В
И К Ж Ш Б К А О В И Л А П А І К
Ґ М Т С И Г А Н Л Щ О Ж Ш Я Я А
Т Ц Е Ш Х С Ґ У Д І Х О Ш І П Е
Ш В И Д К І С Т Ь В Ц Я Л Т А И
Н В И І И М С К С Ч Я І Т О Х С
Ч О Ш Я Ч Ю С О Д Р Б Б Я Ш Ш Ь
```

АВТОМОБІЛЬ	ПОЛІЦІЯ
ПАЛИВО	ГАЛЬМА
ГАРАЖ	ШВИДКІСТЬ
ГАЗ	ВУЛИЦЯ
НЕБЕЗПЕКА	ТУНЕЛЬ
КАРТА	БЕЗПЕКА
ЛІЦЕНЗІЯ	ТРАФІК
МОТОР	ПІШОХІД
МОТОЦИКЛ	ВАНТАЖІВКА
АВАРІЯ	ДОРОГА

84 - Wetenschap

```
Ч В К О Е С Г Р А В І Т А Ц І Я
А И И Г Щ П Ф А К Т Л Ь Х Д Ґ Ю
С К М І У О Ш Д Г Р А К И З І Ф
Т О І П Д С Ч Ш Д О Б Ч Л Є Н Т
И П Н О И Т А Т О Б О Е У О Ч Е
Н Н Е Т Ю Е Д Т К С Р Н К Ж І В
К И Р Е Ш Р О Ґ О Ж А К Е Щ М О
И Й А З І Е Р Ч Д М Т Т Л Ь І Л
В Х Л А Р Ж И Є Ю З О Ш О І Х Ю
К Ч И Ш Ф Е Р Р Ю І Р Ф М П П Ц
Ю Л Е К М Н П Б И Н І Н А Д Г І
С А І Н А Н А Л Ю А Я Р Ь О И Я
Ю Ґ Ф М И Я Ф В Я Г У Ч Ш Т Х В
И Я А Ф А Й Г Л Е Р О Л Ґ Е О Р
К О Д Ш М Т Щ Ч Д О С Є Л М Д А
Е К С П Е Р И М Е Н Т Ґ Д У К І
```

АТОМ	ЛАБОРАТОРІЯ
ХІМІЧНІ	МЕТОД
ЧАСТИНКИ	МІНЕРАЛИ
ЕВОЛЮЦІЯ	МОЛЕКУЛИ
ЕКСПЕРИМЕНТ	ПРИРОДА
ФАКТ	ФІЗИКА
ВИКОПНИЙ	СПОСТЕРЕЖЕННЯ
ДАНІ	ОРГАНІЗМ
ГІПОТЕЗА	ВЧЕНИЙ
КЛІМАТ	ГРАВІТАЦІЯ

85 - Natuurkunde

```
Е Ш М Е Ч І Р А Т О М Б Є М А Ц
Ю В А О К А К Н И Т С А Ч Е Р А
Н И У В Л С С С Р К Р Ч Т Х А Х
П Д Т М Л Е П Т У Р Є Ф П А Ж А
Р К Г А Г А К Е О В Б Є Ь Н Ь О
І І А С Ж Я Д У Р Т Я Л П І Т С
Ф С З А Ю Е Б П Л И А Щ Г К С Ж
О Т К Е Г Т Є Ф М А М Х А А І И
Р Ь Ю Й И Н Ь Л А С Р Е В І Н У
М З И Т Е Н Г А М М Б Д Н І Ь У
У П Р И С К О Р Е Н Н Я Я Т Л І
Л К К С Б У С П Т І Н Ч І М І Х
А Г Р А В І Т А Ц І Я Х М Г Щ Ж
Е Л Е К Т Р О Н У Г И В Д И Ч Щ
Ґ Ь Л Я П В І Д Н О С Н І С Т Ь
Ш Ь Ч С Г Ц Т У Ц П Ш О А Е Ш Л
```

АТОМ	МАГНЕТИЗМ
ХАОС	МАСА
ХІМІЧНІ	МЕХАНІКА
ЧАСТИНКА	МОЛЕКУЛА
ЩІЛЬНІСТЬ	ДВИГУН
ЕЛЕКТРОН	ВІДНОСНІСТЬ
ЕКСПЕРИМЕНТ	ШВИДКІСТЬ
ФОРМУЛА	УНІВЕРСАЛЬНИЙ
ЧАСТОТА	ПРИСКОРЕННЯ
ГАЗ	ГРАВІТАЦІЯ

86 - Muziekinstrumenten

```
К Х И М І А С Г Б Т О Ш М Л В М
Л У Т Е А Ф Р А У Ю Р Р Щ Н І Р
А Ю Я П Р Н К А Б І Н У В Ґ О Ф
Р Є И К А Ж Д Є О Р Е Ґ Б Н Л Х
Н Ш Ґ И Т П Н О Н М Ш Д В А О Е
Е Т Т Г І Ф Б Ж Л В Ф Р Ф Б Н К
Т Б Г І Г Т Ф Д О І О Ж Л А Ч Г
Г О Б О Й Р Б Н Я Х Н М Е Р Е Х
Ф Г Р Я А О Р А Н У А А Й А Л У
С А Щ Ф І М И Б М Ю І С Т Б Ь Д
И А Г Ф У Б Т Л Ґ І П К А Г Г А
В С Н О Ф О С К А С Е Р Є А Ю Р
Ф О Н К Т Н Р Ч Ф М Т И К Л Р Я
Г А Р М О Н І К А Т Р П М Ф П А
Г Ж М Щ Г О Н Г Ф М О К О Т Ж М
І В Х Т К С Р Ь Н Ж Ф А Т Ж Є Ю
```

БАНДЖО	ГАРМОНІКА
ВІОЛОНЧЕЛЬ	УДАР
ФАГОТ	ФОРТЕПІАНО
ФЛЕЙТА	САКСОФОН
ГІТАРА	БУБОН
ГОНГ	ТРОМБОН
АРФА	БАРАБАН
ГОБОЙ	ТРУБА
КЛАРНЕТ	СКРИПКА
МАНДОЛІНА	

87 - Antiek

```
Л Ч О В Т Ц Е Т С И М Б Щ С Є Ш
С К И Я Ш Ч Л Ь Т С І К Я Х У А
А П Я І Ц І Н А И К А Р Т И Н И
У Д Р Ц Р К У М Л Р Ц Ц Т А Ш Ф
К Я Б А Р У Т П Ь Л У К С И Є Є
Ц У Ж Р В Г А Л Е Р Е Я Ю Д Б Р
І М П В Т Ж І Н В Е С Т И Ц І Ї
О Ф В А Я І Н Ш Ь Ц Ш Л Я Ю Н С
Н Щ Г Т Ш Е І І Л Б Е М Ш У Й Т
Т Є С С Щ Л Є С М Ь Ч Ю Я Г А О
Ґ И Т Е Н О М Є Е Я Ш Ж Р Н Ч Л
Ч Ц К Р Е Л Е Г А Н Т Н И Й И І
Д Е К О Р А Т И В Н І Г А Р В Т
С Т А Р И Й К О Л Е К Т О Р З Т
Ц І Н Н І С Т Ь Н Щ К С Р Щ Е Я
Ж Ю Я А І Ч Ц Ь Х И Е Ю Б Ш Н Л
```

СПРАВЖНІМ	МОНЕТИ
СКУЛЬПТУРА	НЕЗВИЧАЙНІ
ДЕКОРАТИВНІ	СТАРИЙ
СТОЛІТТЯ	ЦІНА
ЕЛЕГАНТНИЙ	РЕСТАВРАЦІЯ
ГАЛЕРЕЯ	КАРТИНИ
ІНВЕСТИЦІЇ	СТИЛЬ
МИСТЕЦТВО	АУКЦІОН
ЯКІСТЬ	КОЛЕКТОР
МЕБЛІ	ЦІННІСТЬ

88 - Water

```
П А М Б А Н Ю Я Р Р А Ш С Є Щ В
Б А К Ч І Р Л Ь А Я Г Т Ж Ь Ь И
Ц Ц Р У Л Ч Ф Б Ж Щ Н Ф У Т О П
П З Т Й И Н Т И П Ц С В Р В Ш А
Ч О Р Щ В Н О Е Б І В Ч А Ж Ш Р
Ф Р Є О Х Г О Н Г Ґ О Ш Г О Д О
К О Ш Д Ш У Д І Л Х Л Б А К У В
І М Ь У Ґ Е Ь У Є Щ О Х Н Е Ф У
Г Е Й З Е Р Н Б С М Г Ґ О А Є В
В Н Ь Ю Ґ Г І Н С У І Н С Н Ь А
О Т М В Г Ґ В К Я Ч С О У С М Н
Л А Н А К Ґ О Ч С Р Т З М Б Н Н
О Ж Я Я Ґ У П Щ Л Ч Ь Е П Ч Г Я
Г Я Ц Ж Ц У Ь П И Ф Ф Р Я И Ю О
І Ь В Г О П Ь И М Ґ К О Ш Ж Ю А
С Л И Т Б И С К Е Х Т Ш Ч Ж Ф Г
```

ДУШ	УРАГАН
ПИТНИЙ	ПОВІНЬ
ГЕЙЗЕР	ДОЩ
ХВИЛІ	РІЧКА
ЛІД	СНІГ
ЗРОШЕННЯ	ПАР
КАНАЛ	ВИПАРОВУВАННЯ
ОЗЕРО	ВОЛОГІ
МУСОН	ВОЛОГІСТЬ
ОКЕАН	МОРОЗ

89 - Boerderij #1

```
Р Ж Ж Е Ю Ж Ч Л Х Ц Є Ю Р І А Я
Ц Ґ І Л Я Ч Ю Ь К Ч А С Б Е С Ш
П О Л Е Я М Д Е Б Д Ж О Л А Е Ч
К В Ш І Ж Л Е У Г Е І Щ Н К А Ж
Р И Ч К Х О Л Ю Д М Є Г Б Ш И И
К Р Т В Я Д Н Ф У Ш М Я Н І У Р
В Б Р Ж Ю Ц І Л Г Ю Х Ч Ц К С П
Н О К В Т Е Л Я Н И В С Б Н І Ф
М Д Д І О К Е Р П К У Р К А Н М
И Д А А Н Р С Ю Е К О З А К О Ґ
Є Ґ Ш В Н Ь О Ю С И Р З Г Р А Я
А С В О Є Ш Я Н Н І С А Н А К Ь
Н Є И Р Г Л И П А Х И О Ґ П С Є
М Я О О Х Ь Р Ґ Ь Ф Б І Г Т Д П
Б Ж А К Ц К В Н П Є Є Р А Я Ж Р
К Д А Т Г Г Б Ч Ю С Е Д П Е Ц Д
```

БДЖОЛА	КОРОВА
ОСЕЛ	ВОРОНА
КОЗА	ЗГРАЯ
ПАРКАН	ДОБРИВО
ПЕС	КІНЬ
МЕД	РИС
СІНО	СВИНЯ
ТЕЛЯ	ПОЛЕ
КІШКА	ВОДА
КУРКА	НАСІННЯ

90 - Huis

```
К С І Ф Я Щ Р О Ю М Е Р Ш Д Г Д
У Я Щ Я І А У Е В І Л Б Е М А Д
Х Ч О Ш Ь Ґ Я Ц Ґ Т Р Х Г Ю К Х
Н Л М Д Ь Р Н Ю К Л В Е Щ Х Е Д
Я Ж Х Д Б Ж Ь Ф И А Я Ф В Р Т И
Д З Е Р К А Л О Л Н Ч Д Е Д О М
П Ж С С Ь П А Ч И І Р Л Ф Р І О
Д Щ К В Я Г П К М Т Ф О Е Х Л Х
Л А М П А А С А О С Ф А Ф Ь Б І
Ф І Ч П Т Р П М К Є У Ц І Г І Д
Г У А А А А Ч І Щ Е С М Ч Ц Б У
С А Д Р Н Ж Л Н Г Д В Т Б Л Д Д
Ч А Ь К М И П І Д В А Л Е Є Л І
Г Я Б А І Р И Г Т П Б И Б Л Н К
Д У Ш Н К Х Е Щ І К Ю В Ю Ф Я Г
С Т Є Ш Ш Б Т Х Ф М Ю И С Ф П Щ
```

МІТЛА	КУХНЯ
БІБЛІОТЕКА	ЛАМПА
ДАХ	МЕБЛІ
ДВЕРІ	СТІНА
ДУШ	СТЕЛЯ
ГАРАЖ	ДИМОХІД
КАМІН	СПАЛЬНЯ
ПАРКАН	ДЗЕРКАЛО
КІМНАТА	КИЛИМОК
ПІДВАЛ	САД

91 - Geometrie

```
Р Д У О У Ь Я Х Н Щ Ж Я П П Л У
М Е Д І А Н А Т О С И В А Р А Ц
А Ґ Я С Ю Р І М Ш О Є У Р О А Я
В Ц А Ж Ю Т У К Ґ Ф Я Ф А П Р І
О Я С Е Я Е П Ю Р Г Ж Х Л О О Т
Ь Я П Ґ Р М А Г Ш Д Ґ Ф Е Р З Е
Р І Н Ь Л А К И Т Р Е В Л Ц Р О
О Ю И Х Р І В Н Я Н Н Я Ь І А Р
В И М І Р Д Р Г Н М У У Н Я Х І
Р У Є А Л Е И Ю К Е Ж А И І У Я
А К Б С А Л В А Г Т Б Л Й Р Н П
К Р И В А І Ч О Л О К К Н Т О Л
І Р Р Ю В М Щ И П Я У Н Г Е К О
Г Р А Ц М А С Е Г М Е Н Т М Щ Щ
О Ш Г У Л С Т Р И К У Т Н И К А
Л К Ь І Ц А І Е Є Ю Я Ь Б С П Ж
```

РОЗРАХУНОК	МЕДІАНА
КОЛО	ПОВЕРХНЯ
КРИВА	ПАРАЛЕЛЬНИЙ
ДІАМЕТР	ПРОПОРЦІЯ
ВИМІР	СЕГМЕНТ
ТРИКУТНИК	СИМЕТРІЯ
КУТ	ТЕОРІЯ
ВИСОТА	РІВНЯННЯ
ЛОГІКА	ВЕРТИКАЛЬНІ
МАСА	ПЛОЩА

92 - Jazz

```
Я Т А Л А Н Т М О Б Ь Л А В Л Х
П Н Ц Н Л Я Х Т У Х С Ш Ш М Ю Р
И Е Ґ Л Д Я Я И Б З Ч К Ш Ч Ь С
И Ц Щ О П Д І Р М А И Б А Ш Щ Є
К К И Т И Ж Ц О Р Я Ц К Ґ Ю М Н
А А С Р М Ф А Г О Н Щ Д А І Е И
У К Ш Е Ь І З Р Т С Е К Р О Ж Н
Ь І С Ц Л А І Н И І К С М Н В О
Ю Н Т Н И П В А З П Ф Л О І І В
Ч Х Р О Т Ц О Ж О У Н Ф А Ш Д И
І Е Ф К С Д Р Р П Т Б О П Д О Й
Р Т И Н Л Т П Т М Т Ш Г В Ь М И
Е В Б Б Щ У М Ю О Ю Б Ц Ц М И Р
Л Ф Д О Т Х І Ш К Ґ Ж Б Щ Ю Й А
Х У Д О Ж Н И К С Я В М Ф Б Ф Т
О Б Р А Н И Й Я Я І Р Д А Н Я С
```

АЛЬБОМ	МУЗИКА
ОПЛЕСКИ	АКЦЕНТ
ХУДОЖНИК	НОВИЙ
ВІДОМИЙ	ОРКЕСТР
КОМПОЗИТОР	СТАРИЙ
КОНЦЕРТ	РИТМ
ОБРАНИЙ	СКЛАД
ЖАНР	СТИЛЬ
ІМПРОВІЗАЦІЯ	ТАЛАНТ
ПІСНЯ	ТЕХНІКА

93 - Getallen

```
В Ч О Т И Р Н А Д Ц Я Т Ь С К К
І Е Д Т С І М Н А Д Ц Я Т Ь В Ю
С Т В Ш Н Ч Ю І Ж Ґ Р К Є Ш Х Г
І Ш А О Д И Н Н У Л Ь Т Я П І Л
М І Д М Ш Ь І Л Ц Е Т Т А М П Ь
Н С Ц Г Ь Т Я В Е Д Я Т Я І Е Т
А Т Я Є Т Я А И Ж У Ц Л О С Е Я
Д Ь Т Н Я Ц Ш И А М Д Г І І Е Ц
Ц Н Ь С Ц Д Я С О Щ А Ю Ь В Н Д
Я Т Р И Д А Є В І Н Н Ц Т Щ С А
Т Ф П А А Н У Щ Ч М И Ц Ж П Н Н
Ь И Д Т Н Т Л Х Г О Р Ч С У У А
Р Ь В Ь Т Я Ц Д А Н Т С І Ш Т В
К Ч А Е Я В Б Ф Е В С И Ц О П Д
М Ґ Є Ь П Е Д О Р И Е Ч Р Ж І У
О К Ю Л Р Д А Ф Ф Щ А Б И Н Ь
```

ВІСІМ	ДВА
ВІСІМНАДЦЯТЬ	ДВАДЦЯТЬ
ТРИНАДЦЯТЬ	ЧОТИРНАДЦЯТЬ
ТРИ	ЧОТИРИ
ОДИН	П'ЯТЬ
ДЕВ'ЯТЬ	П'ЯТНАДЦЯТЬ
ДЕВ'ЯТНАДЦЯТЬ	ШІСТЬ
НУЛЬ	ШІСТНАДЦЯТЬ
ДЕСЯТЬ	СІМ
ДВАНАДЦЯТЬ	СІМНАДЦЯТЬ

94 - Boerderij #2

```
М  Ш  В  О  Ж  Н  Ю  Б  Д  Л  Т  Н  С  Ц  Я  Ж
В  О  Б  Д  Щ  М  І  О  Д  Ь  Я  Ю  К  С  Л  П
І  А  Л  С  Ґ  Ц  І  Я  Ц  И  Н  Е  Ш  П  Ю  Л
В  Л  Р  О  В  Щ  Ф  Ч  Ж  П  Н  Г  Ґ  Ю  Р  Ц
Ц  С  Ґ  Я  К  Ь  Р  М  О  И  Е  Є  Ч  В  Ц  Ж
Я  Б  Ґ  В  С  О  Ц  І  Ж  В  Ш  Т  В  Н  Ю  Щ
Т  Ф  Р  Ь  П  Д  И  Н  Н  С  О  Б  Ь  Ґ  Х  Ш
Р  Ж  Е  П  Г  Я  И  Ь  Щ  Л  Р  Щ  А  О  Б  І
А  Ґ  М  Х  Ь  Ш  Х  Ц  Н  Ю  З  Л  К  Ю  Т  Н
К  Ф  Р  У  К  Т  О  В  И  Й  С  А  Д  Л  У  Г
Т  Щ  Е  Т  Ф  Р  Д  Ю  Р  О  Я  І  К  М  Ж  Ю
О  К  Ф  С  К  Ю  Ч  Л  А  Ч  Г  У  Я  Ч  Ш  І
Р  И  Ч  А  А  Н  И  Е  В  Д  Н  Г  Р  Ц  А  М
І  Л  Г  П  Ф  Р  У  К  Т  Ж  Я  И  Т  Щ  О  К
К  У  К  У  Р  У  Д  З  А  М  А  Л  І  Н  А  Е
Л  В  С  А  Р  А  Й  Щ  П  Е  Р  Т  В  Ш  Е  Ш
```

ВУЛИК	ЯГНЯ
ФЕРМЕР	ЛАМА
ФРУКТОВИЙ САД	КУКУРУДЗА
ТВАРИН	МОЛОКО
КАЧКА	ВІВЦЯ
ФРУКТ	САРАЙ
ЯЧМІНЬ	ПШЕНИЦЯ
ОВОЧ	ТРАКТОР
ПАСТУХ	ЛУГ
ЗРОШЕННЯ	ВІТРЯК

95 - Psychologie

```
М Т Е Р А П І Я Д П П О Ь Е Я Ш
Я Р Д У М К И Д И Р Р С Л Ь Г Я
К І І Ч Є О Й О Т О И О О Л Х О
В О Я Ї Н Ц И С И Б З Б В Щ Ґ Ґ
К Є Ш У Т Ю М В Н Л Н И І Ґ Е Н
Н І Ґ Є К В О І С Е А С Д М М Ж
Х С У Л І Л Д Т М Ч Т Ч П О Є
С Д Я Ґ Л П І Ф В А Е О У О Ц А
О Ц Ь Ш Ф Ц В Н О В Н С Т В І Ь
Я П Н Р Н Р С М І К Н Т Т Е Ї Ж
О Ж В Ш О А Е Ц Ю Ч Я І Я Д Ю Ж
А Г Д Ф К Щ Н С Є К Н В Є І К П
Р Е А Л Ь Н І С Т Ь Ш И Д Н М Р
Т Ц П І З Н А Н Н Я Т Л Й К Ц Ш
С П Р И Й Н Я Т Т Я Ф П К А Ф В
О Ц І Н К А М П С М Ш В Е Щ Х Ю
```

ПРИЗНАЧЕННЯ	ПОВЕДІНКА
ОЦІНКА	ВІДЧУТТЯ
НЕСВІДОМИЙ	ВПЛИВ
ПІЗНАННЯ	ДИТИНСТВО
КОНФЛІКТ	КЛІНІЧНИЙ
МРІЇ	СПРИЙНЯТТЯ
ЕГО	ОСОБИСТОСТІ
ЕМОЦІЇ	ПРОБЛЕМА
ДОСВІД	РЕАЛЬНІСТЬ
ДУМКИ	ТЕРАПІЯ

96 - Elektriciteit

```
Н  П  Ю  Ґ  М  Ф  Г  Г  Т  К  Є  Б  О  Г  У  Ж
Е  О  І  Н  А  Р  М  Є  Е  Е  Ь  Ч  Г  Т  І  Ч
Г  З  Т  Ш  Г  И  А  В  Ь  Н  Л  І  И  Ш  Ь  Ц
А  И  Е  Ь  Н  Д  Н  Ю  Е  Ґ  Е  Е  Л  Ж  Д  К
Т  Т  Л  Т  І  Т  Е  Ж  С  М  Б  Р  Ф  Ф  Б  І
И  И  Е  С  Т  Ґ  О  Ю  В  Є  А  Й  А  О  Т  И
В  В  Б  І  У  Ж  Е  Ш  Д  Б  К  И  Щ  Т  Н  Т
Н  Н  А  К  О  Б  Л  А  Д  Н  А  Н  Н  Я  О  О
И  И  Ч  Ь  С  Ю  Т  К  Н  Х  П  Ч  Х  Е  Г  Р
Й  Й  Е  Л  Ь  П  Ч  Т  Щ  П  М  И  Щ  Р  Ч  Д
Ц  Ф  Н  І  А  М  Л  Е  Ж  Б  А  Р  Ґ  А  Б  І
П  Ж  Н  К  Л  З  Щ  З  І  Р  Л  Т  В  Т  Г  Х
Р  М  Я  Д  И  О  Е  О  Д  Ц  Є  К  Ь  А  Е  Б
Ч  Ф  Т  Щ  А  Ж  Е  Р  Е  М  Г  Е  Н  Б  Я  Ґ
Е  Л  Е  К  Т  Р  И  К  Б  Ь  Ґ  Л  Щ  О  Ш  Х
З  Б  Е  Р  І  Г  А  Н  Н  Я  Е  Е  Ю  Є  П  У
```

БАТАРЕЯ	МАГНІТ
ОБЛАДНАННЯ	НЕГАТИВНИЙ
ДРОТИ	МЕРЕЖА
ЕЛЕКТРИК	ОБ'ЄКТ
ЕЛЕКТРИЧНИЙ	ЗБЕРІГАННЯ
ГЕНЕРАТОР	ПОЗИТИВНИЙ
КІЛЬКІСТЬ	РОЗЕТКА
КАБЕЛЬ	ТЕЛЕФОН
ЛАМПА	ТЕЛЕБАЧЕННЯ
ЛАЗЕР	

97 - Zakelijk

```
Ф Р Б У Г Л Я І Н А П М О К К Є
Щ А К Ж И Н З Н Ш П П Д О И В У
С Т Б Х Я Е М В Б О М Ґ В И Б П
Я Ю М Р У А К Е Р Г Р Ь Р Т Ю Ф
Р Л А Є И Ж Р С Я С П Г Ь Т О Г
В А Г Р С К Г Т П О Д А Т К И Ф
Б В А А Д С А И Ь А Я І О І Ж І
Ю И З К Ж Х С Ц О Ф І С Х Ж Л Н
Д Б И Н П С Р І А Я В Г Є О Ц А
Ж Ь Н О Ц Е Щ Ї П Р О Д А Ж Д Н
Е Щ Р Ц Я Т С В А Р Т І С Т Ь С
Т К Е К О Н О М І К А Ш М В Ш И
Т Р А Н З А К Ц І Я Є Є Ґ О Х М
Р О Б О Т О Д А В Е Ц Ь К И І Т
С Н Ю Е П Ч С Ґ П Р И Б У Т О К
П Р А Ц І В Н И К Щ Д И Б Б Щ Г
```

КОМПАНІЯ	ОФІС
БЮДЖЕТ	ЗНИЖКА
ПОДАТКИ	ВАРТІСТЬ
КАР'ЄР	ТРАНЗАКЦІЯ
ЕКОНОМІКА	ВАЛЮТА
ФАБРИКА	ПРОДАЖ
ФІНАНСИ	РОБОТОДАВЕЦЬ
ГРОШІ	ПРАЦІВНИК
ДОХІД	МАГАЗИН
ІНВЕСТИЦІЇ	ПРИБУТОК

98 - Voeding

```
Ф Й И В О Р О Д З Й С П К С Ц З
А І Я Ч Г И К Б Я И Д Г Р Б Ж Б
Г Р В І Т А М І Н К С Є Г Щ Ґ А
А О О М М О І Ч Н Р І Н И Д И Л
В Л Р М К В Л Ґ І І П С Е Ч Х А
Ґ А О В А Б В Д Д Г О Т Т П С Н
Ц К Д Л У Т Л Ш О Ь Ж К И Ь О С
К Г З Є Ч Г Н Ш Р Г И Х Т Ф У О
Р І Д И Н И Л С Б Г В Д Е Е С В
К П Ґ К И Д Щ Е Ж Р Н І П Ь Ю А
І С Е Л С Ф Щ У В Ґ И Є А Х А Н
Щ Ь Д І К Т Ю Л М О Й Т Х Щ К И
Ж Ґ Я Б О Ю Н Е Ю Х Д А П А Н Й
С С Д И Т С Н Й И Н В І Т С Ї Б
І Т Ґ Р Ґ К К Т Е Д В Ж В Ш Я Щ
Н Т Ф Ґ А Т Р А В Л Е Н Н Я Ь Р
```

ГІРКИЙ	ЗДОРОВ'Я
КАЛОРІЙ	ВУГЛЕВОДІВ
ДІЄТА	ЯКІСТЬ
ЇСТІВНИЙ	СОУС
АПЕТИТ	АРОМАТ
БІЛКИ	ТРАВЛЕННЯ
ЗБАЛАНСОВАНИЙ	ТОКСИН
БРОДІННЯ	ВІТАМІН
ВАГА	РІДИНИ
ЗДОРОВИЙ	ПОЖИВНИЙ

99 - Chemie

```
Г  С  Р  Я  М  Р  В  Ю  Т  Е  Х  Р  Г  Л  А  Е
Т  Е  П  Л  О  О  Г  А  З  Ь  Ц  Е  Л  Г  У  В
Ь  Р  Х  Ш  Р  Т  Л  Н  Б  Л  В  А  Ф  Л  П  Ґ
Л  У  Ь  Ґ  І  А  М  Е  У  І  Р  К  Е  У  П  Ч
Б  И  Ф  О  Д  З  Я  Е  К  С  Ь  Ц  Р  Ж  І  У
Т  Т  Я  Ч  И  І  К  Б  Д  У  Д  І  М  Н  М  Ц
Е  Ш  У  О  Н  Л  П  К  Ф  Р  Л  Я  Е  И  Я  У
Є  Л  Ш  П  А  А  И  И  Ж  Р  Б  А  Н  Й  Ц  Є
И  И  Е  М  И  Т  И  С  Л  Х  П  Л  Т  Ж  Е  Р
Б  Ґ  М  К  П  А  Щ  Л  В  О  Д  Е  Н  Ь  У  Л
Ґ  Х  Ь  Ґ  Т  К  Ь  О  Д  Б  С  П  М  У  П  О
С  Л  Ю  В  Р  Р  А  Т  М  Е  Т  А  Л  И  Ґ  Щ
Н  О  І  Ь  Б  Ю  О  А  Г  А  В  Ґ  Ш  И  Ю  К
М  Р  Ш  Д  Ь  Є  Ь  Н  Е  С  И  К  Ю  А  И  Ф
О  Р  Г  А  Н  І  Ч  Н  И  Й  Б  П  М  Ґ  Е  Ю
А  Ш  Ю  Т  Т  Е  М  П  Е  Р  А  Т  У  Р  А  Л
```

ЛУЖНИЙ	МОЛЕКУЛА
ХЛОР	ОРГАНІЧНИЙ
ЕЛЕКТРОН	РЕАКЦІЯ
ФЕРМЕНТ	ТЕМПЕРАТУРА
ГАЗ	РІДИНА
ВАГА	ТЕПЛО
ІОН	ВОДЕНЬ
КАТАЛІЗАТОР	СІЛЬ
ВУГЛЕЦЬ	КИСЛОТА
МЕТАЛИ	КИСЕНЬ

1 - Metingen

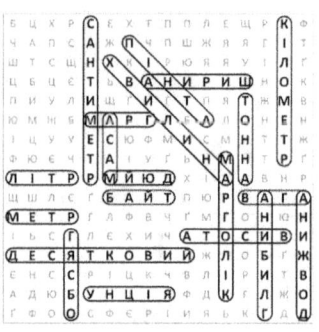

2 - Opwarming van de Aarde

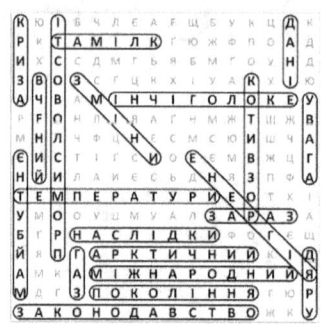

3 - Keuken

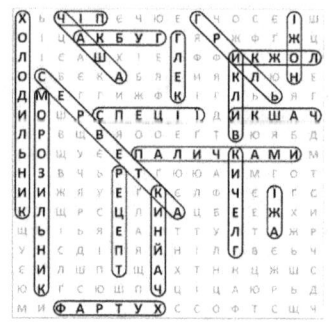

4 - Boten

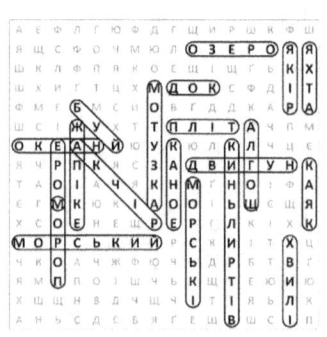

5 - Chocolade

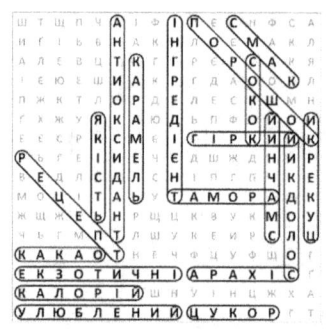

6 - Gezondheid en Welzijn #2

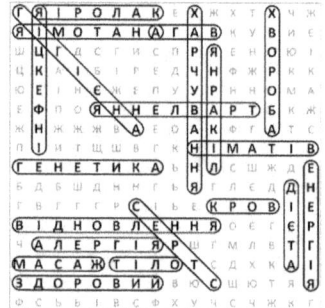

7 - Tijd

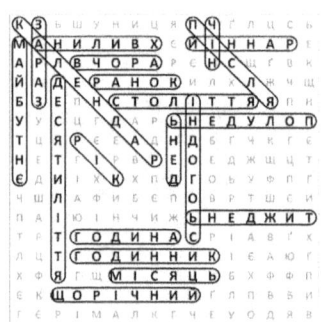

8 - Meditatie

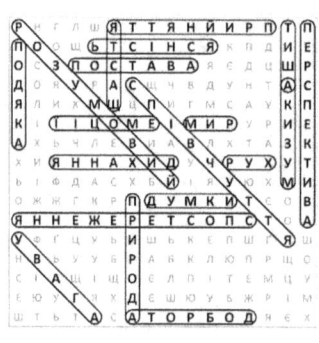

9 - Muziek

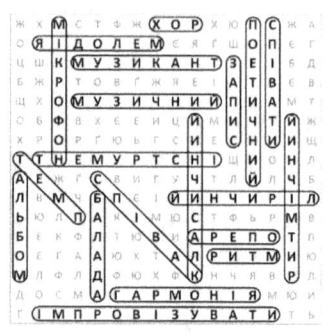

10 - Vogels

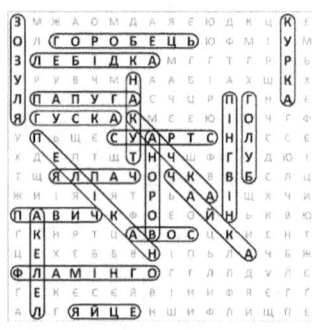

11 - Universum

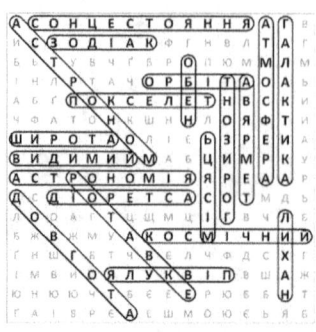

12 - Wiskunde

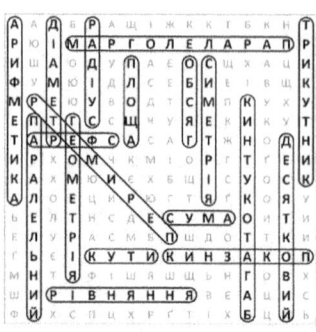

13 - Gezondheid en Welzijn #1

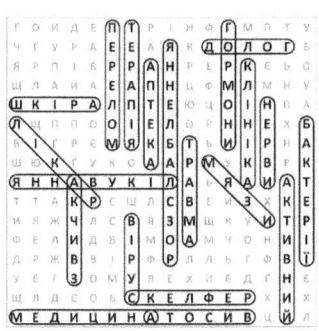

14 - Camping

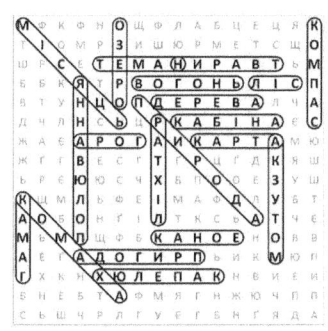

15 - Algebra

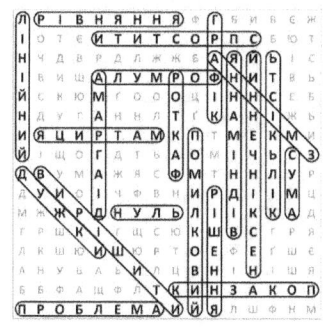

16 - Activiteiten

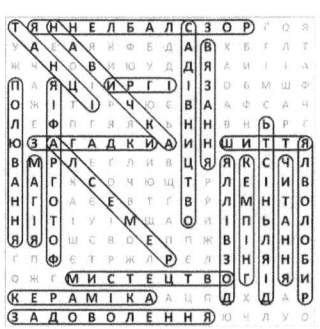

17 - Vormen

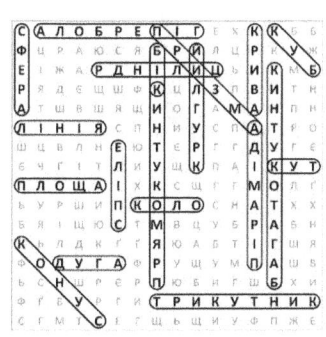

18 - Diplomatie

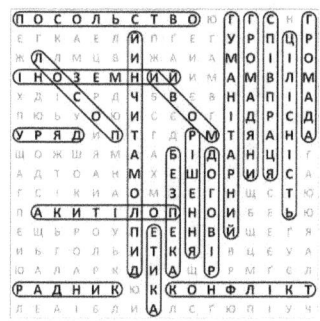

19 - Astronomie

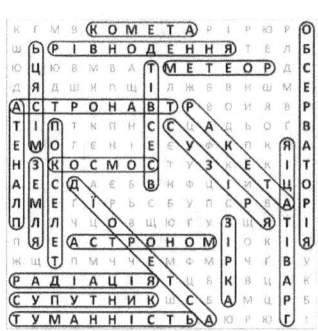

20 - Vakantie #2

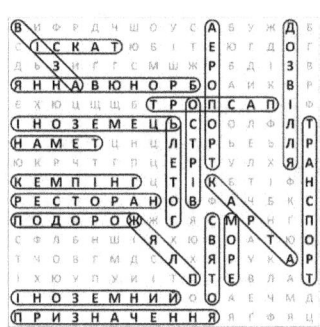

21 - Weersomstandigh

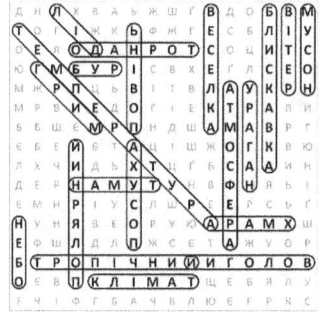

22 - Eten #2

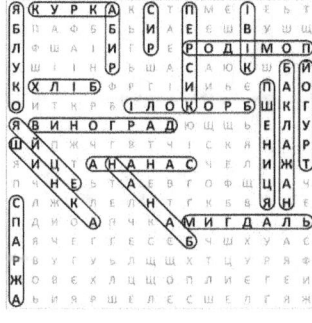

23 - Restaurant #1

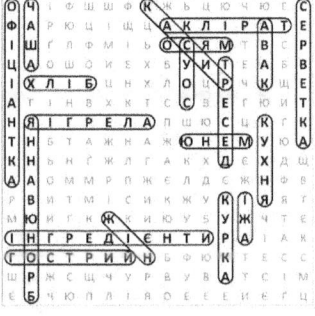

24 - Geologie

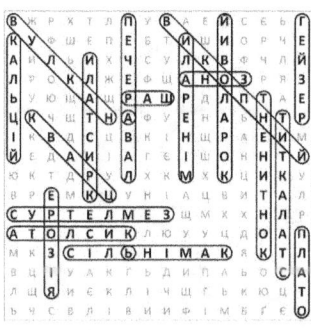

25 - Specerijen

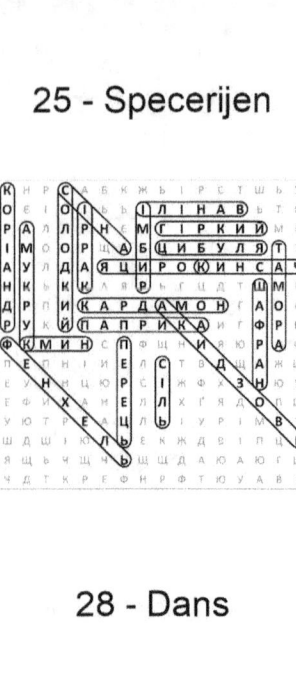

26 - Groenten

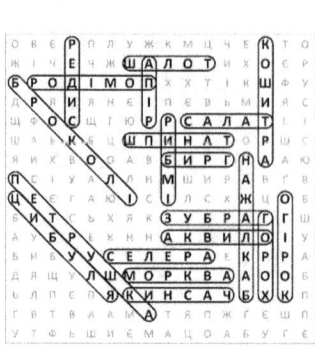

27 - Archeologie

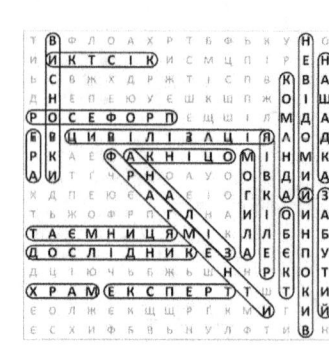

28 - Dans

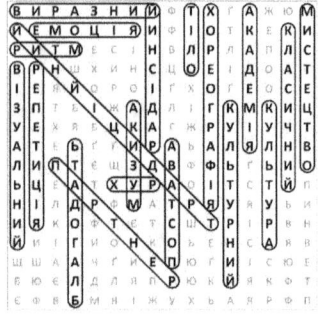

29 - Ziekte

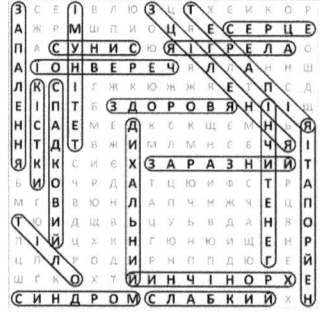

30 - Immigratie

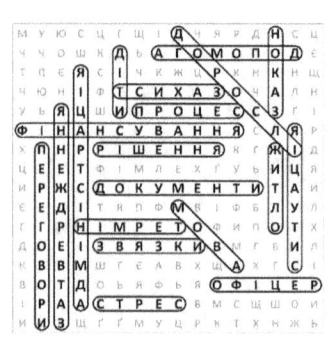

31 - Sport

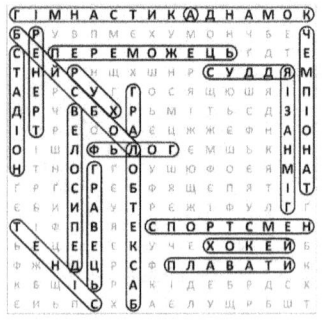

32 - Mythologie

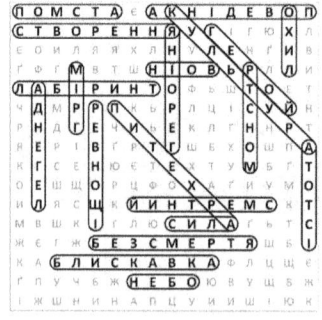

33 - Eten #1

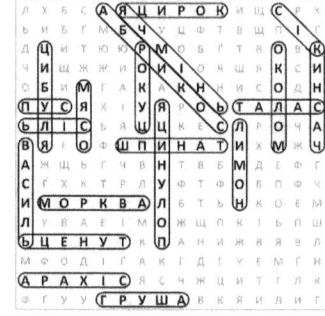

34 - Avontuur

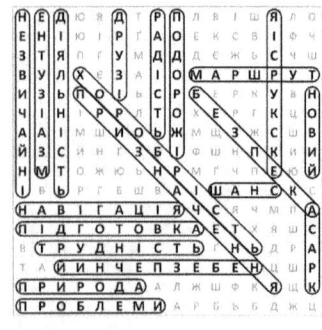

35 - Restaurant #2

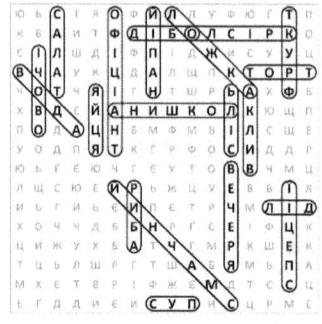

36 - Bijen

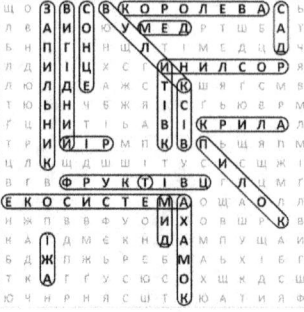

37 - Wandelen

38 - Filantropie

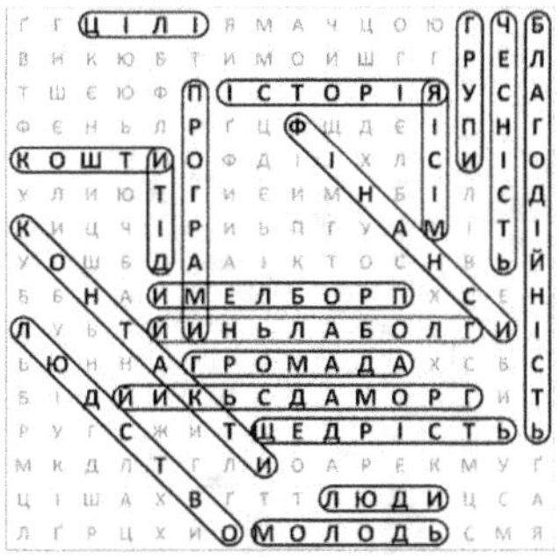

39 - Biologie

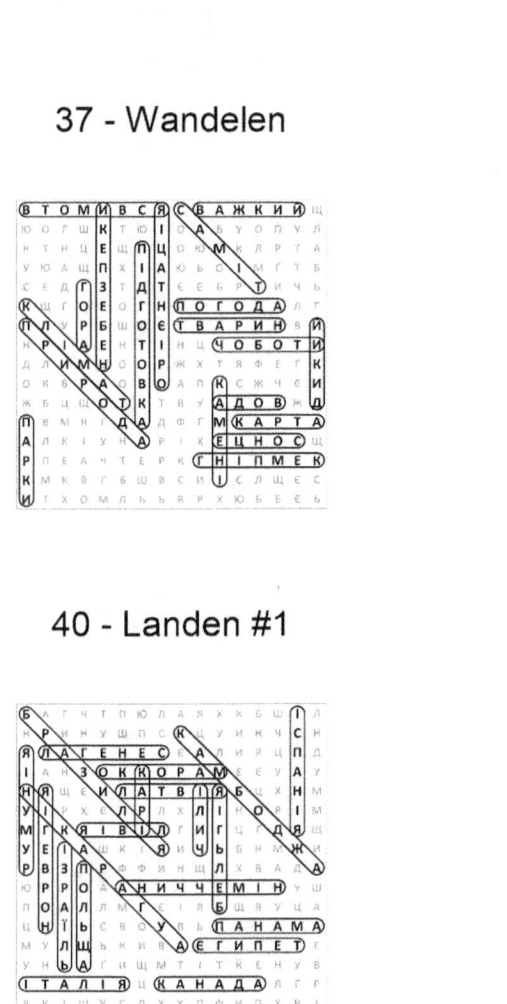

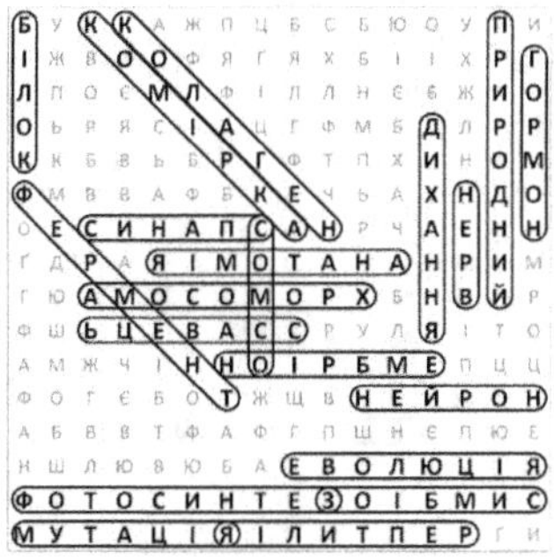

40 - Landen #1

41 - Installaties

42 - Agronomie

43 - Oceaan

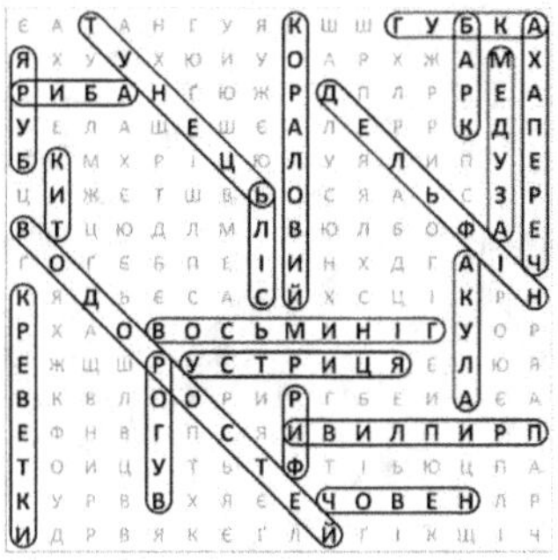

44 - Landen #2

45 - Bloemen

46 - Landschappen

47 - Tuin

48 - Beroepen #2

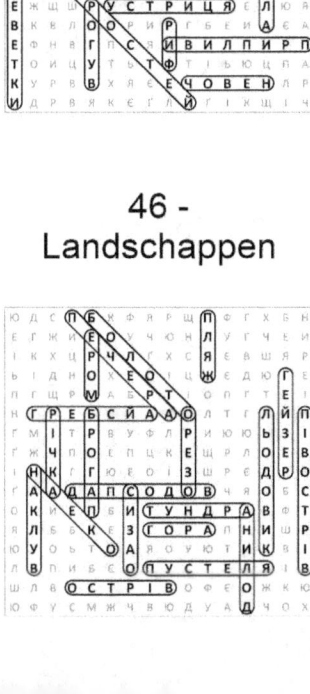

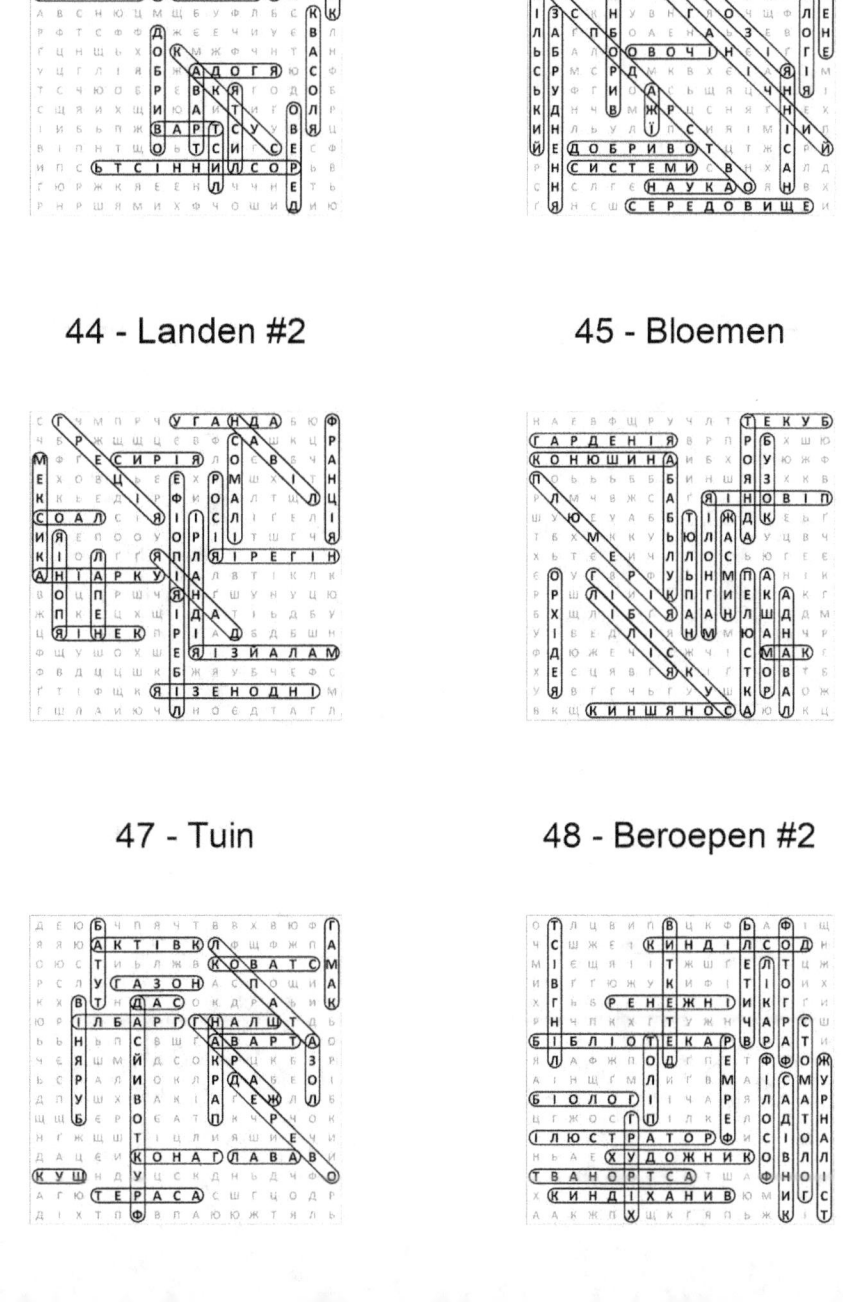

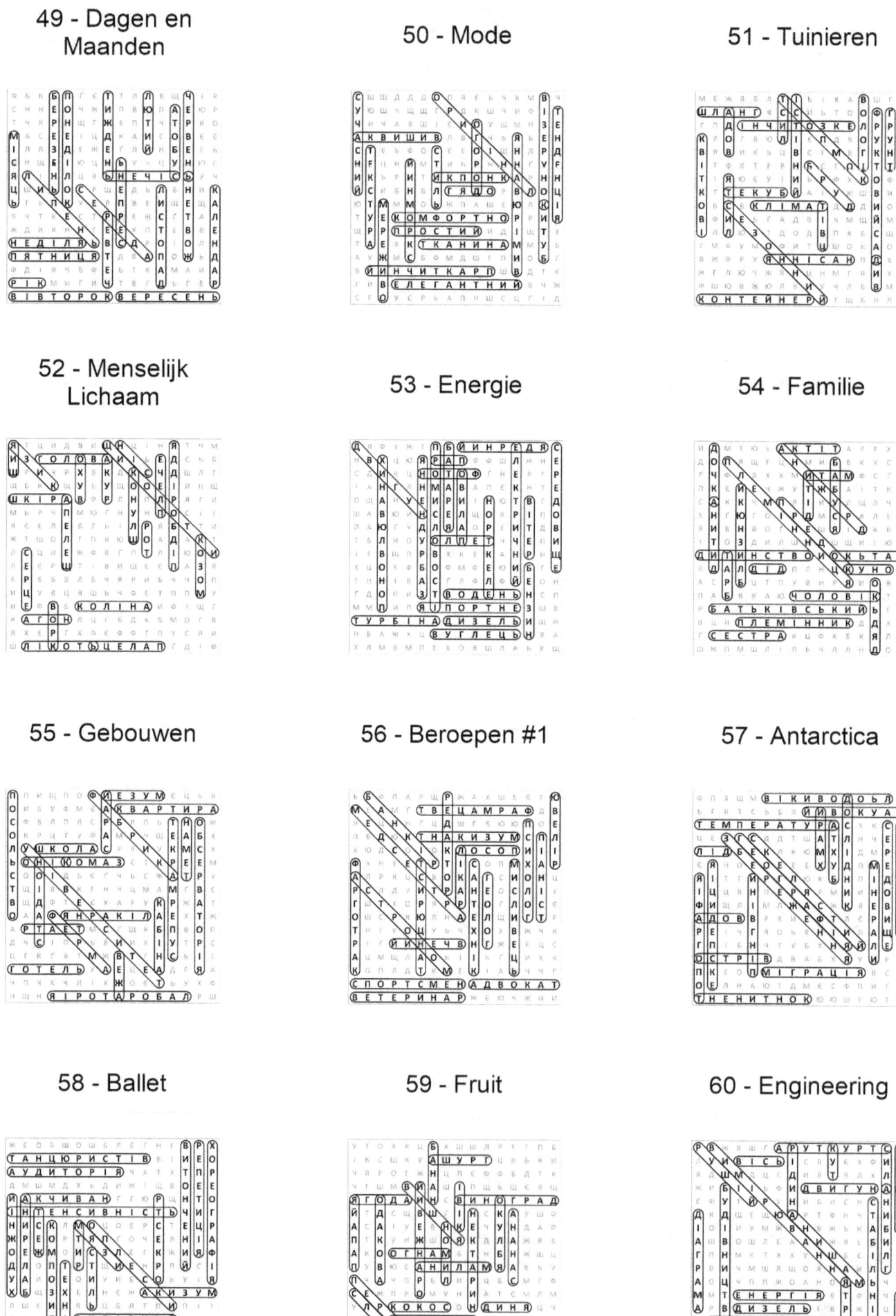

49 - Dagen en Maanden

50 - Mode

51 - Tuinieren

52 - Menselijk Lichaam

53 - Energie

54 - Familie

55 - Gebouwen

56 - Beroepen #1

57 - Antarctica

58 - Ballet

59 - Fruit

60 - Engineering

61 - Literatuur

62 - Boeken

63 - Meer Informatie

64 - Regenwoud

65 - Haartypes

66 - Stad

67 - Creativiteit

68 - Natuur

69 - Zoogdieren

70 - Overheid

71 - Voertuigen

72 - Geografie

73 - Kunstbenodigdhe

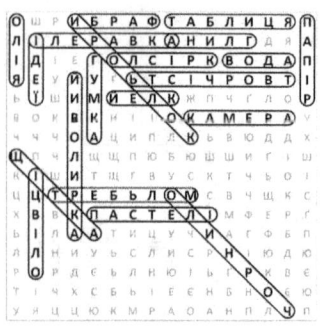

74 - Barbecues

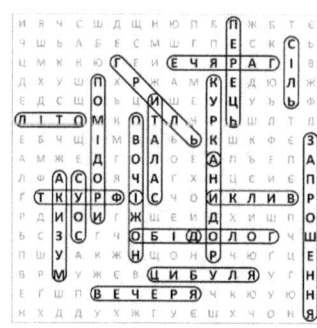

75 - Schoonheid

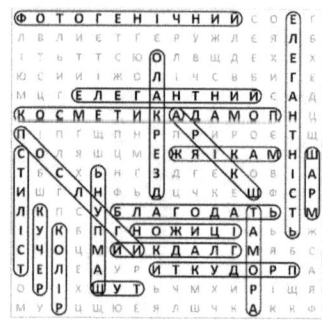

76 - Wetenschappelijk

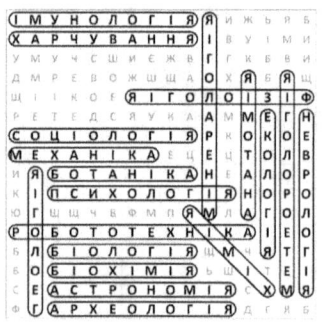

77 - Bijvoeglijke Naamwoorden

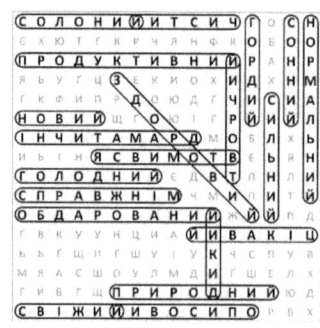

78 - Kleding

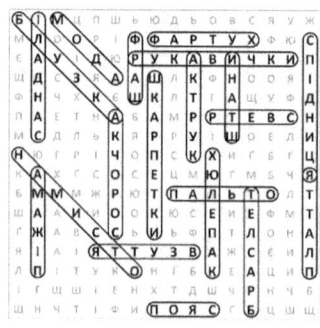

79 - Vliegtuigen

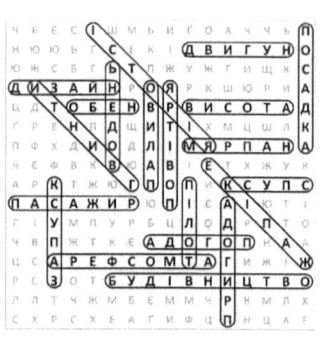

80 - Herbalisme

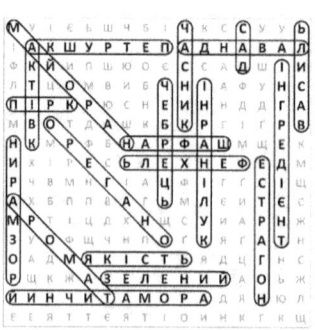

81 - Kracht en Zwaartekracht

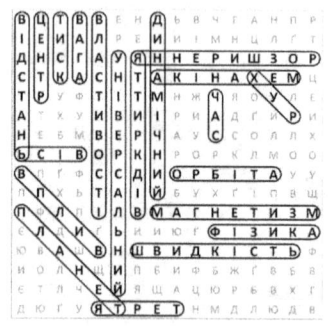

82 - Het Bedrijf

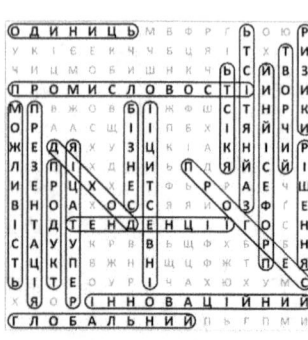

83 - Rijden

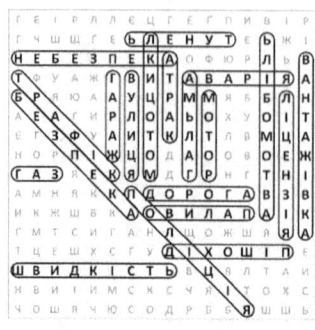

84 - Wetenschap

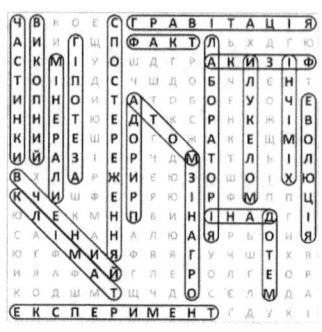

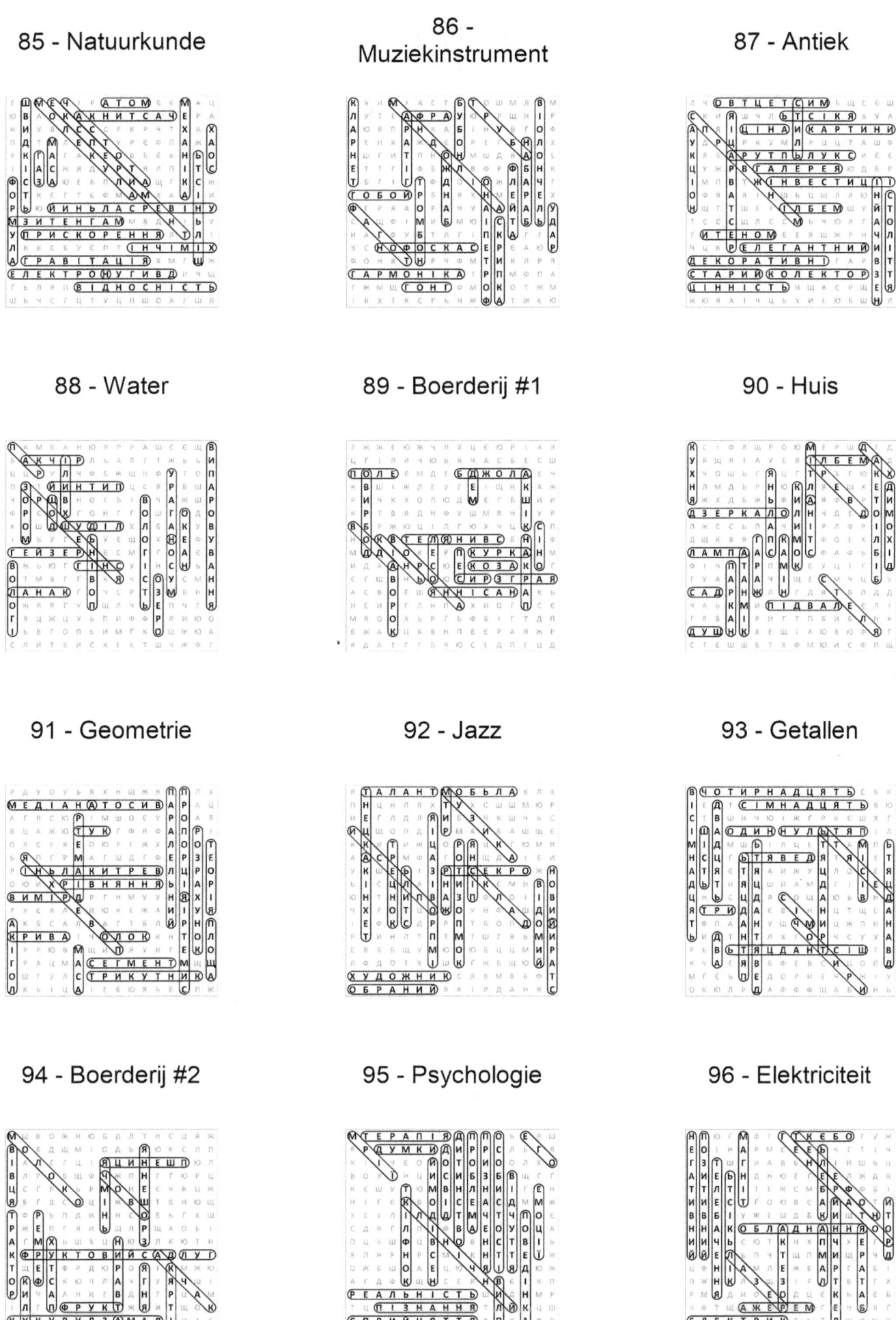

85 - Natuurkunde

86 - Muziekinstrument

87 - Antiek

88 - Water

89 - Boerderij #1

90 - Huis

91 - Geometrie

92 - Jazz

93 - Getallen

94 - Boerderij #2

95 - Psychologie

96 - Elektriciteit

97 - Zakelijk

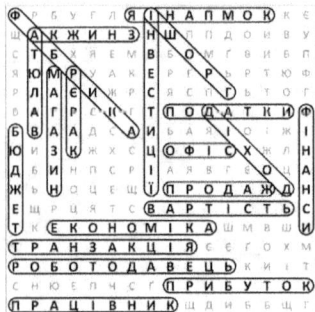

98 - Voeding

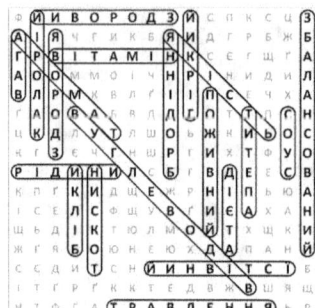

99 - Chemie

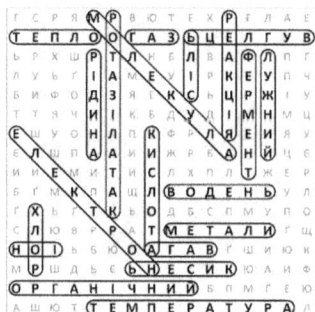

Woordenboek

Activiteiten
Види Діяльності

Activiteit	Діяльність
Ambachten	Ремесла
Breien	В'Язання
Dansen	Танці
Fotografie	Фотографія
Games	Ігри
Hengelsport	Риболовля
Jacht	Полювання
Kamperen	Кемпінг
Keramiek	Кераміка
Kunst	Мистецтво
Lezen	Читання
Magie	Магія
Naaien	Шиття
Ontspanning	Розслаблення
Plezier	Задоволення
Puzzels	Загадки
Tuinieren	Садівництво
Vaardigheid	Навичка
Vrije Tijd	Дозвілля

Agronomie
Агрономія

Ecologie	Екологія
Energie	Енергія
Erosie	Ерозія
Groei	Зростання
Groente	Овочі
Identificatie	Ідентифікація
Landbouw	Господарство
Landelijk	Сільський
Mest	Добриво
Omgeving	Середовище
Onderzoek	Дослідження
Organisch	Органічний
Productie	Виробництво
Systemen	Системи
Vervuiling	Забруднення
Voedsel	Їжа
Water	Вода
Wetenschap	Наука
Zaden	Насіння
Ziekten	Хвороба

Algebra
Алгебра

Aftrekken	Віднімання
Diagram	Діаграма
Exponent	Показник
Factor	Фактор
Formule	Формула
Grafiek	Графік
Haakje	Дужки
Hoeveelheid	Кількість
Lineair	Лінійний
Matrix	Матриця
Nul	Нуль
Oneindig	Нескінченний
Oplossen	Вирішити
Oplossing	Рішення
Probleem	Проблема
Som	Сума
Vals	Помилковий
Variabele	Змінна
Vereenvoudigen	Спростити
Vergelijking	Рівняння

Antarctica
Антарктида

Baai	Бухта
Behoud	Збереження
Continent	Континент
Eilanden	Острів
Expeditie	Експедиція
Geografie	Географія
Gletsjers	Льодовиків
Ijs	Лід
Migratie	Міграція
Mineralen	Мінерали
Omgeving	Середовище
Onderzoeker	Дослідник
Pinguïn	Пінгвіни
Rotsachtig	Скелястий
Schiereiland	Півострів
Temperatuur	Температура
Topografie	Топографія
Water	Вода
Wetenschappelijk	Науковий
Wolken	Хмари

Antiek
Антикваріат

Authentiek	Справжнім
Beeldhouwwerk	Скульптура
Decoratief	Декоративні
Eeuw	Століття
Elegant	Елегантний
Galerij	Галерея
Investering	Інвестиції
Kunst	Мистецтво
Kwaliteit	Якість
Meubilair	Меблі
Munten	Монети
Ongewoon	Незвичайні
Oud	Старий
Prijs	Ціна
Restauratie	Реставрація
Schilderijen	Картини
Stijl	Стиль
Veiling	Аукціон
Verzamelaar	Колектор
Waarde	Цінність

Archeologie
Археологія

Analyse	Аналіз
Beschaving	Цивілізація
Bevindingen	Висновки
Botten	Кістки
Deskundige	Експерт
Evaluatie	Оцінка
Fossiel	Викопний
Fragmenten	Фрагменти
Graf	Могила
Mysterie	Таємниця
Nakomeling	Нащадка
Objecten	Об'Єкт
Onbekend	Невідомий
Onderzoeker	Дослідник
Professor	Професор
Relikwie	Реліквія
Team	Команда
Tempel	Храм
Tijdperk	Ера
Vergeten	Забутий

Astronomie
Астрономія

Aarde	Земля
Asteroïde	Астероїд
Astronaut	Астронавт
Astronoom	Астроном
Equinox	Рівнодення
Komeet	Комета
Kosmos	Космос
Maan	Місяць
Meteoor	Метеор
Nevel	Туманність
Observatorium	Обсерваторія
Planeet	Планета
Raket	Ракета
Satelliet	Супутник
Ster	Зірка
Sterrenbeeld	Сузір'Я
Straling	Радіація
Telescoop	Телескоп
Universum	Всесвіт
Zwaartekracht	Гравітація

Avontuur
Пригоди

Activiteit	Діяльність
Bestemming	Призначення
Enthousiasme	Ентузіазм
Excursie	Екскурсія
Gevaarlijk	Небезпечний
Kans	Шанс
Moed	Хоробрість
Moeilijkheid	Трудність
Natuur	Природа
Navigatie	Навігація
Nieuw	Новий
Ongewoon	Незвичайні
Reisplan	Маршрут
Reizen	Подорожі
Schoonheid	Краса
Uitdagingen	Проблеми
Veiligheid	Безпека
Voorbereiding	Підготовка
Vreugde	Радість
Vrienden	Друзі

Ballet
Балет

Applaus	Оплески
Artistiek	Художній
Ballerina	Балерина
Choreografie	Хореографія
Componist	Композитор
Dansers	Танцюристів
Expressief	Виразний
Gebaar	Жест
Intensiteit	Інтенсивність
Muziek	Музика
Orkest	Оркестр
Praktijk	Практика
Publiek	Аудиторія
Repetitie	Репетиція
Ritme	Ритм
Sierlijk	Витончений
Spieren	М'Язи
Stijl	Стиль
Techniek	Техніка
Vaardigheid	Навичка

Barbecues
Барбекю

Diner	Вечеря
Familie	Родина
Fruit	Фрукт
Grill	Гриль
Groente	Овочі
Heet	Гаряче
Honger	Голод
Kip	Курка
Lunch	Обід
Messen	Ножі
Muziek	Музика
Peper	Перець
Salades	Салати
Saus	Соус
Tomaten	Помідори
Uien	Цибуля
Uitnodiging	Запрошення
Vorken	Вилки
Zomer	Літо
Zout	Сіль

Beroepen #1
Професії #1

Advocaat	Адвокат
Ambassadeur	Посол
Apotheker	Фармацевт
Astronoom	Астроном
Atleet	Спортсмен
Bankier	Банкір
Cartograaf	Картограф
Danser	Танцюрист
Dierenarts	Ветеринар
Dokter	Лікар
Editor	Редактор
Geoloog	Геолог
Jager	Мисливець
Juwelier	Ювелір
Loodgieter	Сантехнік
Muzikant	Музикант
Pianist	Піаніст
Psycholoog	Психолог
Verpleegster	Медсестра
Wetenschapper	Вчений

Beroepen #2
Професії #2

Arts	Лікар
Astronaut	Астронавт
Bibliothecaris	Бібліотекар
Bioloog	Біолог
Boer	Фермер
Chirurg	Хірург
Detective	Детектив
Filosoof	Філософ
Fotograaf	Фотограф
Illustrator	Ілюстратор
Ingenieur	Інженер
Journalist	Журналіст
Leraar	Вчитель
Linguïst	Лінгвіст
Onderzoeker	Дослідник
Piloot	Пілот
Schilder	Художник
Tandarts	Стоматолог
Tuinman	Садівник
Uitvinder	Винахідник

Bijen
Бджола

Bestuiver	Запильник
Bijenkorf	Вулик
Bloemen	Квіти
Bloesem	Цвіт
Ecosysteem	Екосистема
Fruit	Фрукт
Honing	Мед
Insect	Комаха
Koningin	Королева
Planten	Рослини
Rook	Дим
Stuifmeel	Пилок
Tuin	Сад
Vleugels	Крила
Voedsel	Їжа
Voordelig	Вигідний
Was	Віск
Zon	Сонце
Zwerm	Рій

Bijvoeglijke Naamwoorden
Прикметники #1

Aantrekkelijk	Привабливий
Actief	Активний
Ambitieus	Амбітні
Aromatisch	Ароматичний
Artistiek	Художній
Belangrijk	Важливий
Diep	Глибокий
Donker	Темний
Dun	Тонкий
Eerlijk	Чесний
Exotisch	Екзотичні
Identiek	Ідентичний
Jong	Молодий
Lang	Довгий
Langzaam	Повільний
Modern	Сучасний
Onschuldig	Невинний
Perfect	Ідеальний
Waardevol	Цінний
Zwaar	Важкий

Bijvoeglijke Naamwoorden
Прикметники #2

Authentiek	Справжнім
Begaafd	Обдарований
Beschrijvend	Описовий
Creatief	Творчий
Dramatisch	Драматичні
Gezond	Здоровий
Hongerig	Голодний
Interessant	Цікавий
Moe	Втомився
Natuurlijk	Природний
Nieuw	Новий
Normaal	Нормальний
Productief	Продуктивний
Slaperig	Сонний
Sterk	Сильний
Trots	Гордий
Vers	Свіжий
Wild	Дикий
Zout	Солоний
Zuiver	Чистий

Biologie
Біології

Ademhaling	Дихання
Anatomie	Анатомія
Cel	Комірка
Chromosoom	Хромосома
Collageen	Колаген
Eiwit	Білок
Embryo	Ембріон
Enzym	Фермент
Evolutie	Еволюція
Fotosynthese	Фотосинтез
Hormoon	Гормон
Mutatie	Мутація
Natuurlijk	Природний
Neuron	Нейрон
Osmose	Осмос
Reptiel	Рептилія
Symbiose	Симбіоз
Synaps	Синапс
Zenuw	Нерв
Zoogdier	Ссавець

Bloemen
Квіти

Bloemblad	Пелюстка
Boeket	Букет
Gardenia	Гарденія
Hibiscus	Гібіскус
Jasmijn	Жасмин
Klaver	Конюшина
Lavendel	Лаванда
Lelie	Лілія
Lila	Бузок
Madeliefje	Ромашка
Magnolia	Магнолія
Orchidee	Орхідея
Paardebloem	Кульбаба
Papaver	Мак
Pioenroos	Півонія
Plumeria	Плюмерія
Roos	Троянда
Tulp	Тюльпан
Zonnebloem	Соняшник

Boeken
Книги

Auteur	Автор
Avontuur	Пригода
Bladzijde	Сторінка
Collectie	Колекція
Context	Контекст
Dualiteit	Подвійність
Episch	Епопеї
Gedicht	Вірш
Geschreven	Написана
Historisch	Історичний
Humoristisch	Гумористичний
Karakter	Характер
Lezer	Читач
Literair	Літературний
Poëzie	Поезія
Relevant	Відповідні
Roman	Роман
Tragisch	Трагічний
Verhaal	Історія
Verteller	Оповідач

Boerderij #1
Ферма #1

Bij	Бджола
Ezel	Осел
Geit	Коза
Hek	Паркан
Hond	Пес
Honing	Мед
Hooi	Сіно
Kalf	Теля
Kat	Кішка
Kip	Курка
Koe	Корова
Kraai	Ворона
Kudde	Зграя
Mest	Добриво
Paard	Кінь
Rijst	Рис
Varken	Свиня
Veld	Поле
Water	Вода
Zaden	Насіння

Boerderij #2
Ферма #2

Bijenkorf	Вулик
Boer	Фермер
Boomgaard	Фруктовий Сад
Dieren	Тварин
Eend	Качка
Fruit	Фрукт
Gerst	Ячмінь
Groente	Овоч
Herder	Пастух
Irrigatie	Зрошення
Lam	Ягня
Lama	Лама
Maïs	Кукурудза
Melk	Молоко
Schaap	Вівця
Schuur	Сарай
Tarwe	Пшениця
Tractor	Трактор
Weide	Луг
Windmolen	Вітряк

Boten
Катери

Anker	Якір
Bemanning	Екіпаж
Boei	Буй
Dok	Док
Golven	Хвилі
Jacht	Яхта
Kajak	Каяк
Kano	Каное
Maritiem	Морський
Mast	Щогла
Meer	Озеро
Motor	Двигун
Nautisch	Морські
Oceaan	Океан
Rivier	Річка
Touw	Мотузка
Veerboot	Пором
Vlot	Пліт
Zee	Море
Zeilboot	Вітрильник

Camping
Кемпінг

Avontuur	Пригода
Berg	Гора
Bomen	Дерева
Bos	Ліс
Brand	Вогонь
Cabine	Кабіна
Dieren	Тварин
Hangmat	Гамак
Hoed	Капелюх
Insect	Комаха
Jacht	Полювання
Kaart	Карта
Kano	Каное
Kompas	Компас
Lantaarn	Ліхтар
Maan	Місяць
Meer	Озеро
Natuur	Природа
Tent	Намет
Touw	Мотузка

Chemie
Хімія

Alkalisch	Лужний
Chloor	Хлор
Elektron	Електрон
Enzym	Фермент
Gas	Газ
Gewicht	Вага
Ion	Іон
Katalysator	Каталізатор
Koolstof	Вуглець
Metalen	Метали
Molecuul	Молекула
Organisch	Органічний
Reactie	Реакція
Temperatuur	Температура
Vloeistof	Рідина
Warmte	Тепло
Waterstof	Водень
Zout	Сіль
Zuur	Кислота
Zuurstof	Кисень

Chocolade
Шоколад

Antioxidant	Антиоксидант
Bitter	Гіркий
Cacao	Какао
Calorieën	Калорій
Exotisch	Екзотичні
Favoriet	Улюблений
Heerlijk	Смачний
Ingrediënt	Інгредієнт
Karamel	Карамель
Kokosnoot	Кокос
Kwaliteit	Якість
Pinda'S	Арахіс
Poeder	Порошок
Recept	Рецепт
Smaak	Аромат
Smaak	Смак
Snoep	Цукерки
Suiker	Цукор
Zoet	Солодкий

Creativiteit
Творчість

Artistiek	Художній
Beeld	Зображення
Dramatisch	Драматичні
Echtheid	Автентичність
Emoties	Емоції
Gevoel	Відчуття
Gevoelens	Почуття
Helderheid	Ясність
Ideeën	Ідеї
Indruk	Враження
Inspiratie	Натхнення
Intensiteit	Інтенсивність
Intuïtie	Інтуїція
Spontaan	Спонтанний
Uitdrukking	Вираз
Vaardigheid	Навичка
Verbeelding	Уява
Visioenen	Бачення
Vloeibaarheid	Плинність

Dagen en Maanden
Дні та Місяці

Augustus	Серпень
Dinsdag	Вівторок
Donderdag	Четвер
Februari	Лютий
Jaar	Рік
Januari	Січень
Juli	Липень
Juni	Червень
Kalender	Календар
Maand	Місяць
Maandag	Понеділок
Maart	Березень
November	Листопад
Oktober	Жовтень
September	Вересень
Vrijdag	П'Ятниця
Week	Тиждень
Woensdag	Середа
Zaterdag	Субота
Zondag	Неділя

Dans
Танець

Academie	Академія
Beweging	Рух
Blij	Радісний
Choreografie	Хореографія
Cultureel	Культурний
Cultuur	Культура
Emotie	Емоція
Expressief	Виразний
Genade	Благодать
Houding	Постава
Klassiek	Класичний
Kunst	Мистецтво
Lichaam	Тіло
Muziek	Музика
Partner	Партнер
Repetitie	Репетиція
Ritme	Ритм
Traditioneel	Традиційний
Visueel	Візуальний

Diplomatie
Дипломатія

Adviseur	Радник
Ambassade	Посольство
Ambassadeur	Посол
Buitenlands	Іноземний
Burgers	Громадяни
Conflict	Конфлікт
Diplomatiek	Дипломатичний
Discussie	Обговорення
Ethiek	Етика
Gemeenschap	Громада
Humanitair	Гуманітарний
Integriteit	Цілісність
Oplossing	Рішення
Politiek	Політика
Regering	Уряд
Resolutie	Резолюція
Samenwerking	Співпраця
Talen	Мови
Veiligheid	Безпека
Verdrag	Договір

Elektriciteit
Електрика

Accu	Батарея
Apparatuur	Обладнання
Draden	Дроти
Elektricien	Електрик
Elektrisch	Електричний
Generator	Генератор
Hoeveelheid	Кількість
Kabel	Кабель
Lamp	Лампа
Laser	Лазер
Magneet	Магніт
Negatief	Негативний
Netwerk	Мережа
Objecten	Об'Єкт
Opslag	Зберігання
Positief	Позитивний
Stopcontact	Розетка
Telefoon	Телефон
Televisie	Телебачення

Energie
Енергія

Accu	Батарея
Benzine	Бензин
Brandstof	Паливо
Diesel	Дизель
Elektrisch	Електричний
Elektron	Електрон
Entropie	Ентропія
Foton	Фотон
Hernieuwbaar	Поновлюваних
Industrie	Промисловості
Koolstof	Вуглець
Motor	Двигун
Nucleair	Ядерний
Omgeving	Середовище
Stoom	Пар
Turbine	Турбіна
Vervuiling	Забруднення
Warmte	Тепло
Waterstof	Водень
Wind	Вітер

Engineering
Інженерія

As	Вісь
Berekening	Розрахунок
Beweging	Рух
Bouw	Будівництво
Diagram	Діаграма
Diameter	Діаметр
Diepte	Глибина
Diesel	Дизель
Energie	Енергія
Hoek	Кут
Kracht	Сила
Machine	Машина
Meting	Вимірювання
Motor	Двигун
Rotatie	Обертання
Stabiliteit	Стабільність
Structuur	Структура
Vloeistof	Рідина
Voortstuwing	Рушій
Wrijving	Тертя

Eten #1
Харчування #1

Aardbei	Полуниця
Abrikoos	Абрикос
Basilicum	Василь
Citroen	Лимон
Gerst	Ячмінь
Kaneel	Кориця
Knoflook	Часник
Melk	Молоко
Peer	Груша
Pinda	Арахіс
Salade	Салат
Sap	Сік
Soep	Суп
Spinazie	Шпинат
Suiker	Цукор
Tonijn	Тунець
Ui	Цибуля
Vlees	М'Ясо
Wortel	Морква
Zout	Сіль

Eten #2
Харчування #2

Amandel	Мигдаль
Ananas	Ананас
Appel	Яблуко
Asperge	Спаржа
Aubergine	Баклажан
Banaan	Банан
Broccoli	Броколі
Brood	Хліб
Druif	Виноград
Ei	Яйце
Ham	Шинка
Kaas	Сир
Kip	Курка
Kiwi	Ківі
Perzik	Персик
Rijst	Рис
Tarwe	Пшениця
Tomaat	Помідор
Vis	Риба
Yoghurt	Йогурт

Familie
Сімейний

Broer	Брат
Dochter	Дочка
Grootmoeder	Бабуся
Jeugd	Дитинство
Kind	Дитина
Kinderen	Діти
Kleinzoon	Онук
Man	Чоловік
Moeder	Мати
Neef	Племінник
Nicht	Племінниця
Oom	Дядько
Opa	Дід
Tante	Тітка
Tweeling	Близнюки
Vader	Батько
Vaderlijk	Батьківський
Voorouder	Предок
Vrouw	Дружина
Zus	Сестра

Filantropie
Благодійність

Contact	Контакти
Doelen	Цілі
Eerlijkheid	Чесність
Financiën	Фінанси
Fondsen	Кошти
Gemeenschap	Громада
Geschiedenis	Історія
Globaal	Глобальний
Groepen	Групи
Jeugd	Молодь
Kinderen	Діти
Liefdadigheid	Благодійність
Mensen	Люди
Mensheid	Людство
Missie	Місія
Programma'S	Програми
Publiek	Громадський
Uitdagingen	Проблеми
Vrijgevigheid	Щедрість

Fruit
Фрукти

Abrikoos	Абрикос
Ananas	Ананас
Appel	Яблуко
Avocado	Авокадо
Banaan	Банан
Bes	Ягода
Citroen	Лимон
Druif	Виноград
Framboos	Малина
Kers	Вишня
Kiwi	Ківі
Kokosnoot	Кокос
Mango	Манго
Meloen	Диня
Nectarine	Нектарин
Oranje	Оранжевий
Papaja	Папайя
Peer	Груша
Perzik	Персик
Pruim	Слива

Gebouwen
Будинки

Ambassade	Посольство
Appartement	Квартира
Bioscoop	Кіно
Boerderij	Ферма
Cabine	Кабіна
Fabriek	Фабрика
Hotel	Готель
Kasteel	Замок
Laboratorium	Лабораторія
Museum	Музей
Observatorium	Обсерваторія
School	Школа
Schuur	Сарай
Stadion	Стадіон
Supermarkt	Супермаркет
Tent	Намет
Theater	Театр
Toren	Вежа
Universiteit	Університет
Ziekenhuis	Лікарня

Geografie
Географія

Atlas	Атлас
Berg	Гора
Breedtegraad	Широта
Continent	Континент
Eiland	Острів
Evenaar	Екватор
Halfrond	Півкуля
Hoogte	Висота
Kaart	Карта
Land	Країна
Meridiaan	Меридіан
Noorden	Північ
Oceaan	Океан
Regio	Регіон
Rivier	Річка
Stad	Місто
Wereld	Світ
Westen	Захід
Zee	Море
Zuiden	Південь

Geologie
Геологія

Aardbeving	Землетрус
Calcium	Кальцій
Continent	Континент
Erosie	Ерозія
Fossiel	Викопний
Geiser	Гейзер
Grot	Печера
Koraal	Кораловий
Kristallen	Кристали
Kwarts	Кварц
Laag	Шар
Lava	Лава
Mineralen	Мінерали
Plateau	Плато
Stalactiet	Сталактит
Steen	Камінь
Vulkaan	Вулкан
Zone	Зона
Zout	Сіль
Zuur	Кислота

Geometrie
Геометрія

Berekening	Розрахунок
Cirkel	Коло
Curve	Крива
Diameter	Діаметр
Dimensie	Вимір
Driehoek	Трикутник
Hoek	Кут
Hoogte	Висота
Logica	Логіка
Massa	Маса
Mediaan	Медіана
Oppervlak	Поверхня
Parallel	Паралельний
Proportie	Пропорція
Segment	Сегмент
Symmetrie	Симетрія
Theorie	Теорія
Vergelijking	Рівняння
Verticaal	Вертикальні
Vierkant	Площа

Getallen
Числа

Acht	Вісім
Achttien	Вісімнадцять
Dertien	Тринадцять
Drie	Три
Een	Один
Negen	Дев'Ять
Negentien	Дев'Ятнадцять
Nul	Нуль
Tien	Десять
Twaalf	Дванадцять
Twee	Два
Twintig	Двадцять
Veertien	Чотирнадцять
Vier	Чотири
Vijf	П'Ять
Vijftien	П'Ятнадцять
Zes	Шість
Zestien	Шістнадцять
Zeven	Сім
Zeventien	Сімнадцять

Gezondheid en Welzijn #1
Оздоровчий та Оздоровчий

Actief	Активний
Apotheek	Аптека
Bacteriën	Бактерії
Behandeling	Лікування
Breuk	Перелом
Dokter	Лікар
Gewoonte	Звичка
Honger	Голод
Hoogte	Висота
Hormonen	Гормони
Huid	Шкіра
Kliniek	Клініка
Letsel	Травма
Medicijn	Медицина
Ontspanning	Розслаблення
Reflex	Рефлекс
Spieren	М'Язи
Therapie	Терапія
Virus	Вірус
Zenuwen	Нерви

Gezondheid en Welzijn #2
Оздоровчий та Оздоровчий

Allergie	Алергія
Anatomie	Анатомія
Bloed	Кров
Calorie	Калорія
Dieet	Дієта
Energie	Енергія
Genetica	Генетика
Gewicht	Вага
Gezond	Здоровий
Herstel	Відновлення
Hygiëne	Гігієна
Infectie	Інфекція
Lichaam	Тіло
Massage	Масаж
Spijsvertering	Травлення
Stress	Стрес
Vitamine	Вітамін
Voeding	Харчування
Ziekenhuis	Лікарня
Ziekte	Хвороба

Groenten
Овочі

Artisjok	Артишок
Aubergine	Баклажан
Broccoli	Броколі
Erwt	Горох
Gember	Імбир
Knoflook	Часник
Komkommer	Огірок
Olijf	Оливка
Paddestoel	Гриб
Peterselie	Петрушка
Pompoen	Гарбуз
Raap	Ріпа
Radijs	Редис
Salade	Салат
Selderij	Селера
Sjalot	Шалот
Spinazie	Шпинат
Tomaat	Помідор
Ui	Цибуля
Wortel	Морква

Haartypes
Типи Волосся

Blond	Блондин
Bruin	Коричневий
Dik	Товстий
Droog	Сухий
Dun	Тонкий
Gevlochten	Плетений
Gezond	Здоровий
Glad	Гладкий
Glimmend	Блискучий
Golvend	Хвилястий
Grijs	Сірий
Kaal	Лисий
Kort	Короткий
Krullen	Кучер
Krullend	Кучерявий
Lang	Довгий
Wit	Білий
Zacht	М'Який
Zilver	Срібло
Zwart	Чорний

Herbalisme
Травотравизм

Aromatisch	Ароматичний
Basilicum	Василь
Bloem	Квітка
Culinair	Кулінарні
Dille	Кріп
Dragon	Естрагон
Groen	Зелений
Ingrediënt	Інгредієнт
Knoflook	Часник
Kwaliteit	Якість
Lavendel	Лаванда
Marjolein	Майоран
Oregano	Орегано
Peterselie	Петрушка
Rozemarijn	Розмарин
Saffraan	Шафран
Smaak	Аромат
Tijm	Чебрець
Tuin	Сад
Venkel	Фенхель

Het Bedrijf
Компанія

Beslissing	Рішення
Creatief	Творчий
Eenheden	Одиниць
Globaal	Глобальний
Industrie	Промисловості
Inkomsten	Дохід
Innovatief	Інноваційний
Investering	Інвестиції
Kwaliteit	Якість
Mogelijkheid	Можливість
Presentatie	Презентація
Product	Продукт
Professioneel	Професійний
Reputatie	Репутація
Risico'S	Ризики
Trends	Тенденції
Vooruitgang	Прогрес
Werkgelegenheid	Зайнятість
Zaak	Бізнес

Huis
Будинок

Bezem	Мітла
Bibliotheek	Бібліотека
Dak	Дах
Deur	Двері
Douche	Душ
Garage	Гараж
Haard	Камін
Hek	Паркан
Kamer	Кімната
Kelder	Підвал
Keuken	Кухня
Lamp	Лампа
Meubilair	Меблі
Muur	Стіна
Plafond	Стеля
Schoorsteen	Димохід
Slaapkamer	Спальня
Spiegel	Дзеркало
Tapijt	Килимок
Tuin	Сад

Immigratie
Імміграції

Administratie	Адміністрація
Bescherming	Захист
Communicatie	Зв'Язки
Documenten	Документи
Financiering	Фінансування
Goedkeuring	Затвердження
Huisvesting	Житло
Hulp	Допомога
Kinderen	Діти
Officier	Офіцер
Onderhandeling	Переговори
Oplossing	Рішення
Proces	Процес
Situatie	Ситуація
Stress	Стрес
Taal	Мова
Termijn	Термін
Volwassenen	Дорослі
Wet	Закон

Installaties
Рослини

Bamboe	Бамбук
Bes	Ягода
Blad	Лист
Bloem	Квітка
Boom	Дерево
Boon	Квасоля
Bos	Ліс
Cactus	Кактус
Flora	Флора
Gebladerte	Листя
Gras	Трава
Klimop	Плющ
Kruid	Трав
Mest	Добриво
Mos	Мох
Plantkunde	Ботаніка
Struik	Кущ
Tuin	Сад
Vegetatie	Рослинність
Wortel	Корінь

Jazz
Джаз

Album	Альбом
Applaus	Оплески
Artiest	Художник
Beroemd	Відомий
Componist	Композитор
Concert	Концерт
Favorieten	Обраний
Genre	Жанр
Improvisatie	Імпровізація
Lied	Пісня
Muziek	Музика
Nadruk	Акцент
Nieuw	Новий
Orkest	Оркестр
Oud	Старий
Ritme	Ритм
Samenstelling	Склад
Stijl	Стиль
Talent	Талант
Techniek	Техніка

Keuken
Кухня

Cup	Чашки
Eetstokjes	Паличками
Grill	Гриль
Ketel	Чайник
Koelkast	Холодильник
Kom	Чаша
Kruik	Глечик
Lepels	Ложки
Messen	Ножі
Oven	Піч
Pot	Глек
Recept	Рецепт
Schort	Фартух
Servet	Серветка
Specerijen	Спеції
Spons	Губка
Voedsel	Їжа
Vorken	Вилки
Vriezer	Морозильник

Kleding
Одяг

Armband	Браслет
Blouse	Блузка
Broek	Штани
Handschoenen	Рукавички
Hoed	Капелюх
Jas	Пальто
Jasje	Куртка
Jurk	Плаття
Ketting	Намисто
Mode	Мода
Pyjama	Піжама
Riem	Пояс
Rok	Спідниця
Sandalen	Сандалі
Schoen	Взуття
Schort	Фартух
Shirt	Сорочка
Sjaal	Шарф
Sokken	Шкарпетки
Trui	Светр

Kracht en Zwaartekracht
Сила і Гравітація

Afstand	Відстань
As	Вісь
Baan	Орбіта
Beweging	Рух
Centrum	Центр
Druk	Тиск
Dynamisch	Динамічний
Eigendommen	Властивості
Gewicht	Вага
Impact	Вплив
Magnetisme	Магнетизм
Mechanica	Механіка
Natuurkunde	Фізика
Ontdekking	Відкриття
Planeten	Планет
Snelheid	Швидкість
Tijd	Час
Uitbreiding	Розширення
Universeel	Універсальний
Wrijving	Тертя

Kunstbenodigdheden
Художні Товари

Acryl	Акриловий
Aquarellen	Акварелі
Borstels	Щітка
Camera	Камера
Creativiteit	Творчість
Ezel	Мольберт
Gom	Гумка
Ideeën	Ідеї
Inkt	Чорнило
Klei	Глина
Kleuren	Кольори
Lijm	Клей
Olie	Олія
Papier	Папір
Pastel	Пастелі
Potloden	Олівці
Stoel	Крісло
Tafel	Таблиця
Verf	Фарби
Water	Вода

Landen #1
Країни #1

België	Бельгія
Brazilië	Бразилія
Cambodja	Камбоджа
Canada	Канада
Chili	Чилі
Duitsland	Німеччина
Egypte	Єгипет
Irak	Ірак
Israël	Ізраїль
Italië	Італія
Letland	Латвія
Libië	Лівія
Marokko	Марокко
Nicaragua	Нікарагуа
Noorwegen	Норвегія
Panama	Панама
Polen	Польща
Roemenië	Румунія
Senegal	Сенегал
Spanje	Іспанія

Landen #2
Країни #2

Denemarken	Данія
Ethiopië	Ефіопія
Frankrijk	Франція
Griekenland	Греція
Ierland	Ірландія
Indonesië	Індонезія
Japan	Японія
Kenia	Кенія
Laos	Лаос
Libanon	Ліван
Liberia	Ліберія
Maleisië	Малайзія
Mexico	Мексика
Nepal	Непал
Nigeria	Нігерія
Oeganda	Уганда
Oekraïne	Україна
Rusland	Росія
Somalië	Сомалі
Syrië	Сирія

Landschappen
Пейзажі

Berg	Гора
Eiland	Острів
Geiser	Гейзер
Gletsjer	Льодовик
Grot	Печера
Heuvel	Пагорб
Ijsberg	Айсберг
Meer	Озеро
Moeras	Болото
Oase	Оазис
Oceaan	Океан
Rivier	Річка
Schiereiland	Півострів
Strand	Пляж
Toendra	Тундра
Vallei	Долина
Vulkaan	Вулкан
Waterval	Водоспад
Woestijn	Пустеля
Zee	Море

Literatuur
Література

Analogie	Аналогія
Analyse	Аналіз
Anekdote	Анекдот
Auteur	Автор
Biografie	Біографія
Conclusie	Висновок
Dialoog	Діалог
Fictie	Вигадка
Gedicht	Вірш
Mening	Думка
Metafoor	Метафора
Poëtisch	Поетичний
Rijm	Рима
Ritme	Ритм
Roman	Роман
Stijl	Стиль
Thema	Тема
Tragedie	Трагедія
Vergelijking	Порівняння
Verteller	Оповідач

Meditatie
Медитація

Aandacht	Увага
Aanvaarding	Прийняття
Ademhaling	Дихання
Beweging	Рух
Dankbaarheid	Подяка
Emoties	Емоції
Gedachten	Думки
Geluk	Щастя
Helderheid	Ясність
Houding	Постава
Mededogen	Співчуття
Mentaal	Розумовий
Muziek	Музика
Natuur	Природа
Observatie	Спостереження
Perspectief	Перспектива
Stilte	Тиша
Vrede	Мир
Vriendelijkheid	Доброта
Wakker	Прокинутися

Meer Informatie
Наукова Фантастика

Bioscoop	Кіно
Boeken	Книги
Brand	Вогонь
Denkbeeldig	Уявний
Dystopie	Антиутопія
Explosie	Вибух
Fantastisch	Фантастичний
Futuristisch	Футуристичний
Illusie	Ілюзія
Klonen	Клони
Mysterieus	Таємничий
Orakel	Оракул
Planeet	Планета
Realistisch	Реалістичний
Robots	Роботи
Scenario	Сценарій
Sterrenstelsel	Галактика
Technologie	Технологія
Utopie	Утопія
Wereld	Світ

Menselijk Lichaam
Людське Тіло

Been	Нога
Bloed	Кров
Elleboog	Лікоть
Enkel	Щиколотки
Hand	Рука
Hart	Серце
Hersenen	Мозок
Hoofd	Голова
Huid	Шкіра
Kaak	Щелепа
Kin	Підборіддя
Knie	Коліна
Maag	Шлунок
Mond	Рот
Nek	Шия
Neus	Ніс
Oor	Вухо
Schouder	Плече
Tong	Язик
Vinger	Палець

Metingen
Вимірювання

Breedte	Ширина
Byte	Байт
Centimeter	Сантиметр
Decimaal	Десятковий
Diepte	Глибина
Gewicht	Вага
Gram	Грам
Hoogte	Висота
Inch	Дюйм
Kilogram	Кілограм
Kilometer	Кілометр
Lengte	Довжина
Liter	Літр
Massa	Маса
Meter	Метр
Minuut	Хвилина
Ons	Унція
Pint	Пінта
Ton	Тонна
Volume	Обсяг

Mode
Мода

Afmetingen	Вимірювання
Bescheiden	Скромний
Borduurwerk	Вишивка
Comfortabel	Комфортно
Duur	Дорого
Eenvoudig	Простий
Elegant	Елегантний
Kant	Мереживо
Kleding	Одяг
Knop	Кнопки
Modern	Сучасний
Origineel	Оригінал
Patroon	Візерунок
Praktisch	Практичний
Stijl	Стиль
Stof	Тканина
Textuur	Текстура
Trend	Тенденція
Winkel	Бутик

Muziek
Музика

Album	Альбом
Ballade	Балада
Harmonie	Гармонія
Improviseren	Імпровізувати
Instrument	Інструмент
Klassiek	Класичний
Koor	Хор
Lyrisch	Ліричний
Melodie	Мелодія
Microfoon	Мікрофон
Muzikaal	Музичний
Muzikant	Музикант
Opera	Опера
Opname	Запис
Poëtisch	Поетичний
Ritme	Ритм
Ritmisch	Ритмічний
Tempo	Темп
Zanger	Співак
Zingen	Співати

Muziekinstrumenten
Музичні Інструменти

Banjo	Банджо
Cello	Віолончель
Fagot	Фагот
Fluit	Флейта
Gitaar	Гітара
Gong	Гонг
Harp	Арфа
Hobo	Гобой
Klarinet	Кларнет
Mandoline	Мандоліна
Mondharmonica	Гармоніка
Percussie	Удар
Piano	Фортепіано
Saxofoon	Саксофон
Tamboerijn	Бубон
Trombone	Тромбон
Trommel	Барабан
Trompet	Труба
Viool	Скрипка

Mythologie
Міфологія

Archetype	Архетип
Bliksem	Блискавка
Creatie	Створення
Cultuur	Культура
Donder	Грім
Doolhof	Лабіринт
Gedrag	Поведінка
Held	Герой
Heldin	Героїня
Hemel	Небо
Jaloezie	Ревнощі
Kracht	Сила
Krijger	Воїн
Legende	Легенда
Monster	Монстр
Onsterfelijkheid	Безсмертя
Ramp	Лихо
Sterfelijk	Смертний
Wezen	Істота
Wraak	Помста

Natuur
Природа

Arctisch	Арктичний
Bergen	Гори
Bijen	Бджіл
Bos	Ліс
Dieren	Тварин
Dynamisch	Динамічний
Erosie	Ерозія
Gebladerte	Листя
Gletsjer	Льодовик
Heiligdom	Святилище
Klippen	Скелі
Mist	Туман
Rivier	Річка
Schoonheid	Краса
Schuilplaats	Притулок
Sereen	Безтурботний
Tropisch	Тропічний
Wild	Дикий
Woestijn	Пустеля
Wolken	Хмари

Natuurkunde
Фізика

Atoom	Атом
Chaos	Хаос
Chemisch	Хімічні
Deeltje	Частинка
Dichtheid	Щільність
Elektron	Електрон
Experiment	Експеримент
Formule	Формула
Frequentie	Частота
Gas	Газ
Magnetisme	Магнетизм
Massa	Маса
Mechanica	Механіка
Molecuul	Молекула
Motor	Двигун
Relativiteit	Відносність
Snelheid	Швидкість
Universeel	Універсальний
Versnelling	Прискорення
Zwaartekracht	Гравітація

Oceaan
Океан

Aal	Вугор
Algen	Водоростей
Boot	Човен
Dolfijn	Дельфін
Garnaal	Креветки
Getijden	Припливи
Haai	Акула
Koraal	Кораловий
Krab	Краб
Kwal	Медуза
Octopus	Восьминіг
Oester	Устриця
Rif	Риф
Schildpad	Черепаха
Spons	Губка
Storm	Буря
Tonijn	Тунець
Vis	Риба
Walvis	Кит
Zout	Сіль

Opwarming van de Aarde
Глобальне Потепління

Aandacht	Увага
Arctisch	Арктичний
Crisis	Криза
Energie	Енергія
Gas	Газ
Gegevens	Дані
Generaties	Покоління
Gevolgen	Наслідки
Industrie	Промисловості
Internationaal	Міжнародний
Klimaat	Клімат
Milieu	Екологічні
Nu	Зараз
Ontwikkeling	Розвиток
Regering	Уряд
Temperaturen	Температури
Toekomst	Майбутнє
Veranderingen	Зміни
Wetenschapper	Вчений
Wetgeving	Законодавство

Overheid
Уряду

Burgerschap	Громадянство
Civiel	Цивільний
Democratie	Демократія
Discussie	Обговорення
Gelijkheid	Рівність
Gerechtelijk	Судової
Grondwet	Конституція
Leider	Лідер
Monument	Пам'ятник
Natie	Нація
Nationaal	Національний
Politiek	Політика
Rechten	Права
Rustig	Мирно
Staat	Стан
Symbool	Символ
Toespraak	Мовлення
Vrijheid	Свобода
Wet	Закон
Wijk	Район

Psychologie
Психологія

Afspraak	Призначення
Beoordeling	Оцінка
Bewusteloos	Несвідомий
Cognitie	Пізнання
Conflict	Конфлікт
Dromen	Мрії
Ego	Его
Emoties	Емоції
Ervaringen	Досвід
Gedachten	Думки
Gedrag	Поведінка
Gevoel	Відчуття
Invloed	Вплив
Jeugd	Дитинство
Klinisch	Клінічний
Perceptie	Сприняття
Persoonlijkheid	Особистості
Probleem	Проблема
Realiteit	Реальність
Therapie	Терапія

Regenwoud
Тропічний Ліс

Amfibieën	Амфібії
Behoud	Збереження
Botanisch	Ботанічний
Gemeenschap	Громада
Inheems	Корінні
Insecten	Комах
Jungle	Джунглі
Klimaat	Клімат
Mos	Мох
Natuur	Природа
Overleving	Виживання
Respect	Повага
Restauratie	Реставрація
Soort	Вид
Toevlucht	Притулок
Vogels	Птах
Waardevol	Цінний
Wolken	Хмари
Zoogdieren	Ссавці

Restaurant #1
Ресторан #1

Allergie	Алергія
Bord	Тарілка
Brood	Хліб
Ingrediënten	Інгредієнти
Kassier	Касир
Keuken	Кухня
Kip	Курка
Koffie	Кава
Kom	Чаша
Menu	Меню
Mes	Ніж
Pittig	Гострий
Reservering	Бронювання
Saus	Соус
Serveerster	Офіціантка
Servet	Серветка
Toetje	Десерт
Vlees	М'Ясо
Voedsel	Їжа

Restaurant #2
Ресторан #2

Cake	Торт
Diner	Вечеря
Drank	Напій
Eieren	Яйця
Fruit	Фрукт
Groente	Овочі
Heerlijk	Смачний
Ijs	Лід
Lepel	Ложка
Lunch	Обід
Noedels	Локшина
Ober	Офіціант
Salade	Салат
Soep	Суп
Specerijen	Спеції
Stoel	Крісло
Vis	Риба
Vork	Вилка
Water	Вода
Zout	Сіль

Rijden
Водіння

Auto	Автомобіль
Brandstof	Паливо
Garage	Гараж
Gas	Газ
Gevaar	Небезпека
Kaart	Карта
Licentie	Ліцензія
Motor	Мотор
Motorfiets	Мотоцикл
Ongeluk	Аварія
Politie	Поліція
Remmen	Гальма
Snelheid	Швидкість
Straat	Вулиця
Tunnel	Тунель
Veiligheid	Безпека
Verkeer	Трафік
Voetganger	Пішохід
Vrachtauto	Вантажівка
Weg	Дорога

Schoonheid
Краса

Charme	Шарм
Cosmetica	Косметика
Diensten	Послуги
Elegant	Елегантний
Elegantie	Елегантність
Fotogeniek	Фотогенічний
Genade	Благодать
Geur	Аромат
Glad	Гладкий
Huid	Шкіра
Kleur	Колір
Krullen	Кучер
Lippenstift	Помада
Mascara	Туш
Producten	Продукти
Schaar	Ножиці
Shampoo	Шампунь
Spiegel	Дзеркало
Stilist	Стиліст
Verzinnen	Макіяж

Specerijen
Спеції

Anijs	Аніс
Bitter	Гіркий
Gember	Імбир
Kaneel	Кориця
Kardemom	Кардамон
Kerrie	Каррі
Knoflook	Часник
Komijn	Кмин
Koriander	Коріандр
Kruidnagel	Гвоздика
Kurkuma	Куркума
Paprika	Паприка
Peper	Перець
Saffraan	Шафран
Smaak	Аромат
Ui	Цибуля
Vanille	Ванілі
Venkel	Фенхель
Zoet	Солодкий
Zout	Сіль

Sport
Спортивний

Atleet	Спортсмен
Basketbal	Баскетбол
Beweging	Рух
Fiets	Велосипед
Golf	Гольф
Gymnasium	Гімназія
Gymnastiek	Гімнастика
Hockey	Хокей
Honkbal	Бейсбол
Kampioenschap	Чемпіонат
Scheidsrechter	Суддя
Spel	Гра
Speler	Гравець
Stadion	Стадіон
Team	Команда
Tennis	Теніс
Trainer	Тренер
Winnaar	Переможець
Zwemmen	Плавати

Stad
Місто

Apotheek	Аптека
Bakkerij	Пекарня
Bank	Банк
Bibliotheek	Бібліотека
Bioscoop	Кіно
Bloemist	Флорист
Dierentuin	Зоопарк
Galerij	Галерея
Hotel	Готель
Kliniek	Клініка
Luchthaven	Аеропорт
Markt	Ринок
Museum	Музей
Restaurant	Ресторан
School	Школа
Stadion	Стадіон
Supermarkt	Супермаркет
Theater	Театр
Universiteit	Університет
Winkel	Магазин

Tijd
Час

Dag	День
Decennium	Десятиліття
Eeuw	Століття
Gisteren	Вчора
Jaar	Рік
Jaarlijks	Щорічний
Kalender	Календар
Klok	Годинник
Maand	Місяць
Middag	Полудень
Minuut	Хвилина
Na	Після
Nacht	Ніч
Nu	Зараз
Ochtend	Ранок
Toekomst	Майбутнє
Uur	Година
Vandaag	Сьогодні
Vroeg	Ранній
Week	Тиждень

Tuin
Сад

Bank	Лава
Bloem	Квітка
Boom	Дерево
Boomgaard	Фруктовий Сад
Garage	Гараж
Gazon	Газон
Gras	Трава
Hangmat	Гамак
Hark	Граблі
Hek	Паркан
Onkruid	Бур'Янів
Schop	Лопата
Slang	Шланг
Struik	Кущ
Terras	Тераса
Trampoline	Батут
Tuin	Сад
Veranda	Ганок
Vijver	Ставок
Wijnstok	Лоза

Tuinieren
Садівництво

Blad	Лист
Bloemen	Квіткові
Bloesem	Цвіт
Bodem	Ґрунт
Boeket	Букет
Boomgaard	Фруктовий Сад
Botanisch	Ботанічний
Compost	Компост
Container	Контейнер
Eetbaar	Їстівний
Exotisch	Екзотичні
Gebladerte	Листя
Klimaat	Клімат
Seizoensgebonden	Сезонний
Slang	Шланг
Soort	Вид
Vocht	Вологі
Vuil	Бруд
Water	Вода
Zaden	Насіння

Universum
Всесвіт

Asteroïde	Астероїд
Astronomie	Астрономія
Astronoom	Астроном
Atmosfeer	Атмосфера
Baan	Орбіта
Breedtegraad	Широта
Dierenriem	Зодіак
Duisternis	Темрява
Evenaar	Екватор
Halfrond	Півкуля
Hemel	Небо
Horizon	Горизонт
Kantelen	Нахил
Kosmisch	Космічний
Lengtegraad	Довгота
Maan	Місяць
Sterrenstelsel	Галактика
Telescoop	Телескоп
Zichtbaar	Видимий
Zonnewende	Сонцестояння

Vakantie #2
Відпустка #2

Bestemming	Призначення
Buitenlander	Іноземець
Buitenlands	Іноземний
Eiland	Острів
Hotel	Готель
Kaart	Карта
Kamperen	Кемпінг
Luchthaven	Аеропорт
Paspoort	Паспорт
Reis	Подорож
Reserveringen	Бронювання
Restaurant	Ресторан
Strand	Пляж
Taxi	Таксі
Tent	Намет
Vakantie	Свято
Vervoer	Транспорт
Visum	Віза
Vrije Tijd	Дозвілля
Zee	Море

Vliegtuigen
Літаки

Afdaling	Спуск
Atmosfeer	Атмосфера
Avontuur	Пригода
Bemanning	Екіпаж
Bouw	Будівництво
Brandstof	Паливо
Geschiedenis	Історія
Hemel	Небо
Hoogte	Висота
Lanceren	Запуск
Landen	Посадка
Lucht	Повітря
Motor	Двигун
Ontwerp	Дизайн
Passagier	Пасажир
Piloot	Пілот
Propellers	Гвинти
Richting	Напрям
Waterstof	Водень
Weer	Погода

Voeding
Харчування

Bitter	Гіркий
Calorieën	Калорій
Dieet	Дієта
Eetbaar	Їстівний
Eetlust	Апетит
Eiwitten	Білки
Evenwichtig	Збалансований
Fermentatie	Бродіння
Gewicht	Вага
Gezond	Здоровий
Gezondheid	Здоров'Я
Koolhydraten	Вуглеводів
Kwaliteit	Якість
Saus	Соус
Smaak	Аромат
Spijsvertering	Травлення
Toxine	Токсин
Vitamine	Вітамін
Vloeistoffen	Рідини
Voedingsstof	Поживний

Voertuigen
Автомобілі

Auto	Автомобіль
Banden	Шини
Bestelwagen	Фургон
Boot	Човен
Bus	Автобус
Caravan	Караван
Fiets	Велосипед
Helikopter	Вертоліт
Metro	Метро
Motor	Двигун
Raket	Ракета
Scooter	Скутер
Shuttle	Човник
Taxi	Таксі
Tractor	Трактор
Trein	Поїзд
Veerboot	Пором
Vliegtuig	Літак
Vlot	Пліт
Vrachtauto	Вантажівка

Vogels
Птахи

Duif	Голуб
Eend	Качка
Ei	Яйце
Flamingo	Фламінго
Gans	Гуска
Kip	Курка
Koekoek	Зозуля
Kraai	Ворона
Meeuw	Чайка
Mus	Горобець
Ooievaar	Лелека
Papegaai	Папуга
Pauw	Павич
Pelikaan	Пелікан
Pinguïn	Пінгвін
Reiger	Чапля
Struisvogel	Страус
Toekan	Тукан
Uil	Сова
Zwaan	Лебідка

Vormen
Форми

Bol	Сфера
Boog	Дуга
Cilinder	Циліндр
Cirkel	Коло
Curve	Крива
Driehoek	Трикутник
Hoek	Кут
Hyperbool	Гіпербола
Kant	Бік
Kegel	Конус
Kubus	Куб
Lijn	Лінія
Ovaal	Еліпс
Piramide	Піраміда
Prisma	Призма
Rechthoek	Прямокутник
Ronde	Круглий
Veelhoek	Багатокутник
Vierkant	Площа

Wandelen
Походи

Berg	Гора
Dieren	Тварин
Gevaren	Небезпеки
Kaart	Карта
Kamperen	Кемпінг
Klimaat	Клімат
Laarzen	Чоботи
Moe	Втомився
Natuur	Природа
Oriëntatie	Орієнтація
Parken	Парки
Stenen	Камені
Top	Саміт
Voorbereiding	Підготовка
Water	Вода
Weer	Погода
Wild	Дикий
Zon	Сонце
Zwaar	Важкий

Water
Вода

Douche	Душ
Drinkbaar	Питний
Geiser	Гейзер
Golven	Хвилі
Ijs	Лід
Irrigatie	Зрошення
Kanaal	Канал
Meer	Озеро
Moesson	Мусон
Oceaan	Океан
Orkaan	Ураган
Overstroming	Повінь
Regen	Дощ
Rivier	Річка
Sneeuw	Сніг
Stoom	Пар
Verdamping	Випаровування
Vocht	Вологі
Vochtigheid	Вологість
Vorst	Мороз

Weersomstandigheden
Погода

Atmosfeer	Атмосфера
Bliksem	Блискавка
Donder	Грим
Droogte	Посуха
Hemel	Небо
Ijs	Лід
Klimaat	Клімат
Mist	Туман
Moesson	Мусон
Orkaan	Ураган
Overstroming	Повінь
Polair	Полярний
Regenboog	Веселка
Storm	Бур
Temperatuur	Температура
Tornado	Торнадо
Tropisch	Тропічний
Vochtig	Вологий
Wind	Вітер
Wolk	Хмара

Wetenschap
Наукова

Atoom	Атом
Chemisch	Хімічні
Deeltjes	Частинки
Evolutie	Еволюція
Experiment	Експеримент
Feit	Факт
Fossiel	Викопний
Gegevens	Дані
Hypothese	Гіпотеза
Klimaat	Клімат
Laboratorium	Лабораторія
Methode	Метод
Mineralen	Мінерали
Moleculen	Молекули
Natuur	Природа
Natuurkunde	Фізика
Observatie	Спостереження
Organisme	Організм
Wetenschapper	Вчений
Zwaartekracht	Гравітація

Wetenschappelijke Discip
Наукові Дисципліни

Anatomie	Анатомія
Archeologie	Археологія
Astronomie	Астрономія
Biochemie	Біохімія
Biologie	Біологія
Chemie	Хімія
Ecologie	Екологія
Fysiologie	Фізіологія
Geologie	Геологія
Immunologie	Імунологія
Mechanica	Механіка
Meteorologie	Метеорологія
Mineralogie	Мінералогія
Neurologie	Неврологія
Plantkunde	Ботаніка
Psychologie	Психологія
Robotica	Робототехніка
Sociologie	Соціологія
Thermodynamica	Термодинаміка
Voeding	Харчування

Wiskunde
Математика

Bol	Сфера
Decimaal	Десятковий
Diameter	Діаметр
Driehoek	Трикутник
Exponent	Показник
Geometrie	Геометрія
Hoeken	Кути
Omtrek	Периметр
Parallel	Паралельний
Parallellogram	Паралелограм
Rechthoek	Прямокутник
Rekenkundig	Арифметика
Som	Сума
Straal	Радіус
Symmetrie	Симетрія
Veelhoek	Багатокутник
Vergelijking	Рівняння
Vierkant	Площа
Volume	Обсяг

Zakelijk
Бізнес

Bedrijf	Компанія
Begroting	Бюджет
Belastingen	Податки
Carrière	Кар'Єр
Economie	Економіка
Fabriek	Фабрика
Financiën	Фінанси
Geld	Гроші
Inkomen	Дохід
Investering	Інвестиції
Kantoor	Офіс
Korting	Знижка
Kosten	Вартість
Transactie	Транзакція
Valuta	Валюта
Verkoop	Продаж
Werkgever	Роботодавець
Werknemer	Працівник
Winkel	Магазин
Winst	Прибуток

Ziekte
Захворювання

Ademhaling	Дихальний
Allergieën	Алергія
Bacterieel	Бактеріальний
Besmettelijk	Заразний
Botten	Кістки
Buik	Черевної
Chronisch	Хронічний
Erfelijk	Спадковий
Genetisch	Генетичні
Genezing	Зцілення
Gezondheid	Здоров'Я
Hart	Серце
Immuniteit	Імунітет
Lichaam	Тіло
Neuropathie	Нейропатія
Ontsteking	Запалення
Sinus	Синус
Syndroom	Синдром
Therapie	Терапія
Zwak	Слабкий

Zoogdieren
Ссавці

Aap	Мавпа
Bever	Бобер
Coyote	Койот
Dolfijn	Дельфін
Ezel	Осел
Geit	Коза
Giraf	Жираф
Gorilla	Горила
Hond	Пес
Kameel	Верблюд
Kangoeroe	Кенгуру
Kat	Кішка
Konijn	Кролик
Leeuw	Лев
Olifant	Слон
Paard	Кінь
Stier	Бик
Vos	Лисиця
Walvis	Кит
Wolf	Вовк

Gefeliciteerd

Je hebt het gehaald!

We hopen dat u net zoveel plezier beleeft aan dit boek als wij aan het maken ervan. We doen ons best om spellen van hoge kwaliteit te maken.
Deze puzzels zijn op een slimme manier ontworpen zodat je actief kunt leren terwijl je plezier hebt!

Vond je ze mooi?

Een Eenvoudig Verzoek

Onze boeken bestaan dankzij de recensies die zij publiceren.
Kunt u ons helpen door nu een mening achter te laten ?

Hier is een korte link die u naar uw
bestellingen beoordelingspagina.

BestBooksActivity.com/Recensie50

FINAAL UITDAGING!

Uitdaging nr. 1

Klaar voor uw bonusspel? We gebruiken ze de hele tijd, maar ze zijn niet zo gemakkelijk te vinden. Hier zijn **Synoniemen!**

Noteer 5 woorden die je ontdekt hebt in elk van de onderstaande puzzels (nr. 21, nr. 36, nr. 76) en probeer voor elk woord 2 synoniemen te vinden.

Notitie 5 Woorden uit *Puzzle 21*

Woorden	Synoniem 1	Synoniem 2

Notitie 5 Woorden uit *Puzzle 36*

Woorden	Synoniem 1	Synoniem 2

Notitie 5 Woorden uit *Puzzle 76*

Woorden	Synoniem 1	Synoniem 2

Uitdaging nr. 2

Nu je opgewarmd bent, noteer 5 woorden die je ontdekt hebt in elke hieronder genoteerde puzzel (nr. 9, nr. 17, nr. 25) en probeer voor elk woord 2 antoniemen te vinden. Hoeveel regels kan je doen in 20 minuten?

Notitie 5 Woorden uit *Puzzle 9*

Woorden	Antoniem 1	Antoniem 2

Notitie 5 Woorden uit *Puzzle 17*

Woorden	Antoniem 1	Antoniem 2

Notitie 5 Woorden uit *Puzzle 25*

Woorden	Antoniem 1	Antoniem 2

Uitdaging nr. 3

Prachtig, deze finaal uitdaging  is makkelijk voor jou!

Klaar voor de laatste? Kies je 10 favoriete woorden die je in een van de puzzels hebt ontdekt en noteer ze hieronder.

1.	6.
2.	7.
3.	8.
4.	9.
5.	10.

De uitdaging is nu om met deze woorden en binnen een maximum van zes zinnen een tekst te schrijven over een persoon, dier of plaats waar je van houdt!

Tip: U kunt de laatste blanco pagina van dit boek als kladblaadje gebruiken!

Je schrijven:

NOTITIEBOEKJE:

TOT SNEL!

Linguas Classics

GENIET VAN GRATIS SPELLEN

GO

↓

BESTACTIVITYBOOKS.COM/FREEGAMES

www.ingramcontent.com/pod-product-compliance
Lightning Source LLC
Chambersburg PA
CBHW081712120626
46550CB00010B/3105